イラスト・チャートでわかりやすい

擬律判断・外国人犯罪
〔第二版〕

須賀 正行 著

東京法令出版

第二版の発刊に当たって

　初版が刊行されてから3年の歳月が過ぎました。この間，法改正や新たな判例などの動向を踏まえつつ加筆修正を加えてきましたが，今回改めて内容を見直し，外事事件の中でも取扱いの多い犯行態様を取り上げ，第二版として刊行する運びとなりました。

　捜査官は，時代の変化に伴い法改正などを念頭に置き，日々自己研鑽に努めなければなりません。例えば，「外国人材の受け入れ『育成就労』制度の創設」を盛り込んだ入管法等の改正法が成立し，令和6年6月21日，法律第60号として公布されました。これまでの「技能実習制度」は廃止されます。改正法は公布の日から3年以内に施行されるなどといった情報を基に，制度のポイントやとるべき対策を理解する必要があります。

　第二版についても，初版の特徴を踏襲し，捜査（取調べ）に必要な事項は可能な限り盛り込んでいます。

　発刊に当たって，東京地方検察庁検事正，高松・広島・大阪各高検検事長を歴任された斎田國太郎先生，三浦透裁判官，萬羽ゆり法学博士のご指導並びに温かい励ましに支えられました。この場をお借りして感謝申し上げます。

　なお，本書の意見にわたる部分は筆者の個人的見解であることをお断りしておきます。

　最後に，第二版の発刊に当たって終始温かく励ましていただいた東京法令出版企画編集部の皆様に感謝申し上げます。

　　令和7年1月

　　　　　　　　　　　　　　　　　　　　　　　　須賀　正行

はしがき

　近年，不法入国するなどした来日不良外国人による犯罪発生件数が減少傾向にあるとはいえ，依然として不良外国人による凶悪犯罪は跡を絶たず，その鎮圧は我が国の治安維持にとって大きな課題となっています。

　他方，出入国制度の簡素化等によって，出入国者は増加の一途をたどり，人，物の動きの一層の国際化に伴って，日本国内で行われた犯罪の捜査においても外国での捜査が必要となる場面も多くなると思われます。さらに，我が国の犯罪者が他国に国外逃亡し，あるいは逆に外国の犯罪者が我が国に入国する等，犯罪の国際化に伴って捜査手法等刑事手続の国際化も今後ますます加速するものと思われます。

　捜査機関に逮捕された外国人被疑者の事件は，一件ごとに犯罪の動機等は千差万別であり，一見似通った事件であっても，被疑者・被害者等の事件関係者一人ひとりの個性，生活環境，出身国の諸情勢，さらには背後関係及び事件の発生した地域の特殊性などによっても異なってきます。

　また，「外国人登録法」が廃止され，中長期在留外国人に「在留カード」を交付し，特別永住者に「特別永住者証明書」を交付する新たな制度も施行されています。

　本書では，図表・イラストを用いるなど分かりやすい解説に努めることとしました。

　外国人犯罪の捜査・取調べにおいては種々の問題点が生起します。そのため，第1編では実務に必要と思われる基本的事項の解説を行い，第2編では事例から実務上発生する問題点とその解決策について記述しました。

本書は，東京法令出版株式会社発行の『捜査研究』に連載した「元検察官のキャンパスノート」に加筆・補正を加え，単行本化したものです。本書の発刊に当たって，東京地方検察庁検事正，高松・広島・大阪各高検検事長を歴任された斎田國太郎先生，三浦透裁判官のご指導並びに温かい励ましに支えられました。この場をお借りして感謝申し上げます。

　なお，本書の意見にわたる部分は筆者の個人的見解であることをお断りしておきます。読者諸賢のご指摘をいただければ幸甚に思います。

　末筆ながら，本書の脱稿に終始温かく激励してくださった東京法令出版企画編集部の井出初音氏，内山奈々美氏，長くご指導いただいている野呂瀬裕行氏，ニューウェーブ昇任試験対策委員会の皆様，そして筆者の家族に厚く御礼申し上げます。

　令和3年2月

須賀　正行

目　　次

第1編　総　論

第1章　出入国管理及び難民認定法の概要 2

第1節　出入国管理及び難民認定法の性格 2

1　出入国管理及び難民認定法の性格はどのようなものか 2

第2節　外国人の入国及び上陸 3

1　外国人の入国と上陸の違いは何か 3

  (1)　入国の要件 4

  (2)　上陸の要件 4

第3節　上陸手続 5

1　一般（通常）の上陸手続 6

2　特例上陸の手続 7

3　仮上陸の手続（入管法13条） 11

第4節　外国人の在留管理 12

1　新しい在留管理制度（法改正の概要） 12

2　在留資格 13

3　在留期間の更新等 14

4　在留資格の取消し等 17

5　在留カード 20

  (1)　在留カードとは 20

  (2)　在留カードの記載事項 21

第2章　退去強制手続 24

1　退去強制とは 25

2　退去強制事由 25

3　出入国在留管理庁の調査・審理 26

4　刑事手続との調整 28

5　退去強制令書の執行 28

6　出国命令制度 29

2　目　次

　　(1)　出国命令制度の創設 ……………………………………………… 29
　　(2)　出国命令対象者 ………………………………………………… 30
　7　出国確認の留保制度 …………………………………………………… 31
　　(1)　制度の趣旨 …………………………………………………… 31
　　(2)　出国確認の留保対象 ………………………………………… 31
　8　検察官・警察官から入国警備官への身柄引渡し ………………… 32

第3章　外国人犯罪の特色 …………………………………………… 34

　1　特色と問題点 ……………………………………………………… 34
　2　権利等の告知と通訳 ……………………………………………… 34
　　(1)　職務質問，任意同行，所持品検査 ………………………… 34
　　(2)　任意提出 ……………………………………………………… 36
　　(3)　外国人被疑者の任意同行・逮捕 …………………………… 37

第4章　外国人犯罪の一般的捜査事項 ………………………… 39

第1節　外国人の身上確認の必要性 …………………………… 39

　1　人定事項確定のための捜査要領 ………………………………… 39
　　(1)　旅券鑑定 ……………………………………………………… 41
　　(2)　本国からの出生証明書等の取寄せ ………………………… 41
　　(3)　その他の証拠収集方法 ……………………………………… 42
　2　人定事項が確定できない場合の措置 …………………………… 42

第2節　外国人に対する強制捜査手続 …………………………… 43

　1　逮捕・勾留 ………………………………………………………… 43
　　(1)　逮捕・勾留等の際の令状の提示，被疑事実等の告知 …… 43
　　(2)　弁解録取手続 ………………………………………………… 46
　2　領事官通報 ………………………………………………………… 48
　　(1)　領事官通報制度 ……………………………………………… 48
　　(2)　通報についての意思確認 …………………………………… 49
　　(3)　通報事項及び方法 …………………………………………… 50
　　(4)　面談及び親書の発受等 ……………………………………… 50
　　(5)　二国間条約による取扱い …………………………………… 50
　3　外交特権 …………………………………………………………… 52

	目　次　3

(1)　意　義 ··· 52

(2)　外交特権の主体 ··· 52

(3)　外交特権の範囲 ··· 53

(4)　捜査上の留意点 ··· 53

4　在日米軍関係者による犯罪 ································ 54

(1)　刑事裁判権の所在 ··· 54

(2)　被疑者の身柄引渡し等 ·································· 55

第3節　外国人の取調べ・供述調書作成 ··············· 56

1　序　論 ·· 56

2　取調べの基本的心構え ·· 56

(1)　法令を遵守し適法な取調べを行うこと ········· 56

(2)　迅速かつ徹底して行うこと ·························· 57

(3)　相手の立場に立って取調べを行うこと ········· 57

(4)　予断・先入観は禁物 ···································· 58

3　通訳の要否及び通訳人の選任をめぐる問題など ··· 58

(1)　通訳の要否 ·· 58

(2)　通訳人の確保 ·· 59

4　通訳人を介した取調べに当たっての留意事項（総論） ··· 59

(1)　一般的留意事項 ·· 59

(2)　通訳人の安全確保 ··· 59

(3)　通訳人の果たすべき役割 ······························ 60

5　通訳人を介した取調べに当たっての留意事項（各論） ··· 61

(1)　通訳人との事前打合せ ·································· 61

(2)　取調官の発問 ·· 62

(3)　通訳人の態度，通訳人と供述人とのやりとりの観察 ··· 63

(4)　各省庁における外国人の取調べ ···················· 63

6　通訳を介した供述調書の作成 ······························ 64

(1)　供述調書における表現等 ······························ 64

(2)　問答形式の活用 ·· 65

(3)　供述調書の読み聞かせ等 ······························ 66

7　取調べの録音・録画への対応等 ··························· 67

8　否認する外国人被疑者への対応 ··························· 68

4　目　次

　　⑴　徹底した客観的証拠の収集 ……………………………………… 68
　　⑵　外国人被疑者特有の否認理由 …………………………………… 68
　第4節　その他の留意事項（証拠品の取扱い） …………………………… 70

第5章　国外における捜査 ………………………………………………… 71
　第1節　国外における捜査の必要性 ……………………………………… 71
　第2節　証拠収集の具体的方法 …………………………………………… 72
　　1　国際捜査共助 ………………………………………………………… 72
　　⑴　国際捜査共助の概要 …………………………………………… 72
　　⑵　捜査共助の要件 ………………………………………………… 73
　　⑶　捜査共助の手続 ………………………………………………… 73
　　⑷　刑事に関する共助に関する二国間条約（協定） …………… 74
　　2　ICPO を介した情報，資料の収集 ………………………………… 74
　　3　その他の証拠収集 …………………………………………………… 76
　　⑴　司法共助 ………………………………………………………… 76
　　⑵　証人尋問のための受刑者移送 ………………………………… 76
　第3節　犯罪人の引渡し …………………………………………………… 77
　　⑴　犯罪人引渡しに関する諸原則 ………………………………… 77
　　⑵　逃亡犯罪人引渡法の制限事由 ………………………………… 79
　　⑶　引渡手続の概要 ………………………………………………… 79
　　⑷　引渡しの要件 …………………………………………………… 80
　　⑸　引渡し後の取扱いの制限 ……………………………………… 81
　　⑹　国外退去 ………………………………………………………… 81
　第4節　外国における我が国捜査官の捜査活動 ………………………… 82
　　1　外国における捜査活動 ……………………………………………… 82
　　2　船舶上における捜査活動 …………………………………………… 82
　第5節　即決裁判 …………………………………………………………… 83
　　1　手続の概要 …………………………………………………………… 83
　　2　対象事件 ……………………………………………………………… 84
　　3　即決裁判手続 ………………………………………………………… 84
　　4　その他 ………………………………………………………………… 85
　第6節　外国人の氏名表記方法 …………………………………………… 85

目　次　**5**

	1　氏名の順序	85
	2　表記方法	86
	⑴　具体例	86
	⑵　中国人の漢字記載方法	86
	⑶　その他	86

第2編　各　論

1　旅券不携帯の罪	88
2　不法入国罪・不法上陸罪	97
3　資格外活動の罪	107
4　不法残留罪	115
■仮上陸	122
●仮上陸許可条件違反	122
■特例上陸	125
●寄港地上陸許可後の不法残留	126
●乗員上陸許可後の不法残留	129
●数次乗員上陸許可後の不法残留	130
5　不法在留罪	135
6　集団密航助長罪	143
7　不法就労助長罪	162
8　偽装結婚	179
9　銀行法違反（地下銀行）	190
10　旅券不正取得	201
■ブローカーが関与した事例の取調べ事項	207
11　窃盗（スリ）	210
12　盗品に関する罪（ヤード）	218

参考資料 ………… 227

凡　例

本書で引用する法令・判例集・文献等は，以下のように略記する。

【法令名略称】

入管法	出入国管理及び難民認定法
入管法施行規則	出入国管理及び難民認定法施行規則
刑訴法	刑事訴訟法

【略　語】

大判	大審院判決
最判（決）	最高裁判所判決（決定）
高判	高等裁判所判決
地判（決）	地方裁判所判決（決定）
家審	家庭裁判所審判

【判例集略称】

刑録	大審院刑事判決録
民集	最高裁判所民事判例集
刑集	最高裁判所刑事判例集
高刑集	高等裁判所刑事判例集
東高時報	東京高等裁判所刑事判決時報
高検速報	高等裁判所刑事裁判速報集
判特	高等裁判所刑事判決特報
下刑集	下級裁判所刑事裁判例集
判時	判例時報
判タ	判例タイムズ
家月	家庭裁判月報

第1編

総論

第1章
出入国管理及び難民認定法の概要

第 1 節　出入国管理及び難民認定法の性格

1　出入国管理及び難民認定法の性格はどのようなものか

〈参照法令〉

入管法第1条，第61条の9

日本国との平和条約に基づき日本の国籍を離脱した者等の出入国管理に関する特例法第1条

　　入管法は，その第1条で「出入国管理及び難民認定法は，本邦に入国し，又は本邦から出国する全ての人の出入国及び本邦に在留する全ての外国人の在留の公正な管理を図るとともに，難民の認定手続を整備することを目的とする。」とその目的を定めており，国際間を移動する人について規定している。

　　入管法の規定には，処分の基準を定める実体規定と，事務処理に当たっての諸手続を定める手続規定とがある。

　　実体規定は，
　①　入管法第2条の2（在留資格及び在留期間）と同条第2項によって定められた入管法別表第1，第2
　②　入管法第5条（上陸の拒否）
　③　入管法第19条第1項（活動の範囲）
　④　入管法第22条第2項（永住許可）
　⑤　入管法第24条（退去強制）

等であり，その他の大多数の規定は手続規定である。

　　また，入管法には，「出入国在留管理」を内容とする条項と「難民認定手続」を内容とする条項があるが，両手続に関する処分は全く別個の処分であり，その手続も独立したものになっている。

　　なお，入管法は，行政法規である。行政法規においては，行政目的を達成するため，特定の行為の禁止又は命令を規定し，その違反に対しては罰

則を科することにより間接的にこれを強制し，その実施を担保するのが一般的である。入管法においても，公正な出入国管理を実施し出入国管理秩序を維持するため，特定の行為の禁止又は命令の違反者に対して相応の罰則を科し，間接的に禁止や命令を強制することとしている。

相応の罰則として，罰則規定（入管法70条ないし76条の2），過料規定（入管法77条ないし77条の3）及び集団密航等に係る犯罪行為に使用された船舶等の没収に関する規定（入管法78条）を置いているが，罰則規定をみると，入管法第24条の退去強制事由をそのまま刑罰の構成要件としているのが特色といえる。

もとより，退去強制事由の構成要件と刑罰規定の構成要件とが同じであるとはいえ，退去強制事由に該当するもの全てが刑罰に処せられるとは限らない。退去強制処分は行政処分であるから，退去強制事由の該当性の認定に当たっては，刑法総論上問題となる違法性や責任の有無が問われない結果，過失による入管法違反も退去強制事由に該当することとなる。しかし，刑罰法規の適用に当たっては，違法性や責任の有無が問題となることはいうまでもないことである。

第2節　外国人の入国及び上陸

1　外国人の入国と上陸の違いは何か

〈参照法令〉

入管法第3条，第5条ないし第7条
第14条ないし第18条の2　等

入管法は，「入国」（我が国の領域に入ること）と，「上陸」（我が国の領土に立ち入ること）とを区別し，それぞれ条件を別に定めている。

我が国は四方を海に囲まれており，我が国に立ち入ろうとする外国人は，必ず，まず船舶・航空機等で我が国の領海・領空に入り（入国），その後入国審査官に対する上陸手続を経て，我が国の領土に上陸することになる。そのため，密航者等は，我が国の領海・領空に入った時点で不法入国罪が成立し，その後，領土に上陸した時点で不法上陸罪が成立し，両者は一般的には包括一罪の関係にたつと解されている。

「上陸」とは，我が国の領土に一歩足を踏み入れることである。ただし，上陸審査場を備えている出入国港においては，審査場に至る施設内の外部の区域と区切られた部分が直行通航区域として設定されており，その境界を越えて我が国の領土に足を踏み入れることが上陸に当たる。

(1) **入国の要件**

次の①，②に掲げる外国人以外は，我が国に入国することができる。
① 有効な旅券を所持しない者（有効な乗員手帳を所持する乗員を除く。）
② 入国審査官から上陸許可の証印若しくは入管法第9条第4項の規定による記録又は上陸の許可を受けないで我が国に上陸する目的を有する者

②の要件は，集団密航者のうち，有効な旅券を所持している者にも対処できるよう平成9年の入管法改正の際に新設された規定である。例えば，集団密航者の一部が，正規な上陸手続をするつもりはないものの，帰国に備える等のため正規の旅券を所持している場合があり，このような者が，我が国の領海に入った後上陸以前に発見された場合に，法改正前は処罰・退去強制手続をとることができなかったため，②の要件が追加された。

(2) **上陸の要件**

次の①から⑥に掲げる要件に該当する外国人は，我が国に上陸することができる。
① 有効な旅券を所持していること
② 査証（ビザ：visa）を必要とする場合には，上陸目的に合致した査証を旅券に受けていること
③ 上陸目的に虚偽がなく，上陸目的が入管法に定められた在留資格の

いずれかに該当すること

→虚偽の「偽」とは，上陸目的を偽っていること，すなわち本来の目的を隠して上陸の申請をしていることであり，「虚」とは，実現できないか又は実現の可能性が極めて薄いことをいう。例えば，観光・保養を目的として上陸許可申請をしていても，所持金も帰国の航空券等も持っていないような場合には，観光・保養を目的としていてもその目的を達成することができないので，その上陸の申請は虚に当たると解される。上陸審査時，見せ金を準備して上陸許可を受けると，その直後に見せ金をブローカー等に返却しているケースもしばしばみられる。

④　上陸の申請にかかる在留期間が法務省令の規定に適合するものであること

⑤　入管法に定められた上陸拒否事由に該当しないこと

⑥　上陸申請時に指紋・写真等の個人識別情報を提供すること（入管法6条3項）

Comment ◆ 乗員とは
乗員とは，船舶又は航空機の乗組員をいい（入管法2条2号），入管法上，乗員の出入国手続について以下のように一般人と区別して規定している。
・本邦への入国に対し有効な乗員手帳を所持していれば，有効な旅券を所持していなくとも不法入国とはならない（入管法3条1項1号）。
・在留資格をもって本邦に在留するための上陸許可の対象とならない（入管法6条）。
・出国に際し，入国審査官から出国の確認を受ける必要がない（入管法25条1項）。
◆ 乗員手帳とは
乗員手帳とは，権限のある機関の発行した船員手帳その他乗員に係るこれに準ずる文書をいう（入管法2条6号）。

第3節　上陸手続

　入管法は，上陸手続について通常の上陸手続のほか，一時的な在留を目的とする特例上陸手続と，上陸手続が完了するまでの間，仮に上陸することを認める仮上陸手続の規定を置いている。

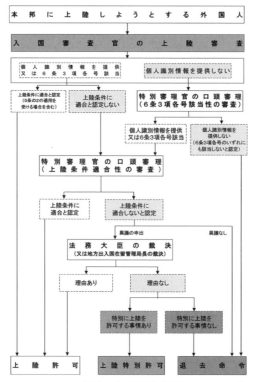

（出典：出入国在留管理庁ホームページ）

1 一般（通常）の上陸手続

　我が国に上陸しようとする外国人は，有効な旅券で日本国領事官等の査証を受けたものを所持し，上陸しようとする出入国港において，入国審査官に対し上陸の申請をして審査を受けなければならない（入管法6条）。ただし，一定の国の国民に対しては，観光などを目的とする短期滞在の場合等に査証を免除する措置をとっており，このような場合には，査証は必要としない。

　なお，上陸の申請をする際は，日本国との平和条約に基づき日本の国籍を離脱した者等の出入国管理に関する特例法に定める特別永住者，16歳未満の者等一定の者を除き，顔写真及び両手の人差し指の指紋を個人識別情報として入国審査官に提供する必要がある（入管法6条3項，同法施行規則5条）。

> **Comment** 査証免除国は令和6年4月現在で，71の国・地域が対象
> 【在留期間】
> ブルネイ　　　　　　　　　　→　14日
> インドネシア及びタイ　　　　　→　15日
> アラブ首長国連邦及びカタール　→　30日
> その他の国・地域　　　　　　　→　90日
>
> （出典：外務省ホームページ）

2　特例上陸の手続

特例上陸とは，我が国に滞在することを目的としない外国人について，入管法第7条第1項に規定する上陸のための条件（旅券及び査証に係る条件，在留資格に係る条件，在留期間に係る条件及び上陸拒否事由非該当性に係る条件）に適合を要せず，簡易な手続により一時的な上陸を許可するものである。

特例上陸の種類として，

① 寄港地上陸（入管法14条）
② 船舶観光上陸（入管法14条の2）
③ 通過上陸（入管法15条）
④ 乗員上陸（入管法16条）
⑤ 緊急上陸（入管法17条）
⑥ 遭難による上陸（入管法18条）
⑦ 一時庇護のための上陸（入管法18条の2）

がある。

以下順次，検討を加える。

① 寄港地上陸の許可（入管法14条）

船舶又は航空機（以下「船舶等」ともいう。）に乗っている外国人乗

8 第1章 出入国管理及び難民認定法の概要

客で，本邦を経由して本邦外の地域に赴こうとするものが，買物や休養などのため，乗ってきた船舶等の寄港した出入国港から出国するまでの72時間の範囲内でその出入国港の近傍に上陸を希望する場合に与えられる上陸許可である。

寄港地上陸の許可は，有効な旅券を所持する乗客に対してのみ与えられ，本邦を経由して本邦外の地域に赴こうとするものに対して行われるものであるので，本邦を最終目的地とする者，本邦での在留を目的とする者はこの許可の対象とはなり得ない。

上陸許可の申請は，当該外国人が乗っている船舶等の長等の責任と権限で行われる。

Comment 不法残留事案が多発した当時は，寄港地上陸の許可を悪用し，上陸許可を受けた後，船舶等に戻ることなく失踪し，そのまま本邦に不法に滞在を続けていたという形態が多く発生していた。多くの被疑者は，「日本での寄港地上陸は外見上のことであり，本来は日本を最終目的地と決めていた。」等と供述した。

② 船舶観光上陸の許可（入管法14条の2）

船舶観光上陸の許可は，平成27年1月1日から施行されており，この制度は，出入国在留管理庁長官が指定するクルーズ船（指定旅客船）の外国人乗客を対象として，簡易な手続で上陸を認める特例上陸許可制度である。指定旅客船に乗っている外国人が観光のため上陸する場合に，当該指定旅客船が出港するまでの間に帰船することを条件として，出国するまでの間7日（本邦内の寄港地が1か所の場合）又は30日を超えない範囲内で上陸を許可するものである。

入国審査官は，寄港地上陸の許可を与える場合には，当該外国人が所持する旅券に寄港地上陸の許可の証印をしなければならないが，船舶観光上陸の許可の場合は，船舶観光上陸許可書を交付することとされており，手続に若干の相違がみられるので，警察官等は，寄港地上陸後の失踪者，船舶観光上陸後の失踪者などを検挙した場合には留意が必要である。

第3節　上陸手続　**9**

> **Comment**　国土交通省の発表によれば，コロナ禍の影響で，2020年3月以降国際クルーズ船の運航は停止していたが，2023年3月から本格的に運航が再開された。2023年（1月～12月）の訪日クルーズ旅客数は35.6万人（2022年はゼロ）と紹介されている。過去には，2018年にクルーズ船で入国し失踪した外国人が106人に上り，年間の失踪者が初めて100人を超えたと報道されている。失踪者の多くは不法就労目的であったことが考えられる。
> 　一時期の稼働先まで決めて日本に向かい，寄港地上陸の許可を受けそのまま日本に滞在を続けて不法に就労していた時代の再来かとも思われるような事象である。
> 　これだけ多くの失踪者がいるということは，失踪者を手助けしているブローカーの存在も否定できない。不法残留等の事案で検挙した場合にはその背景事情も明らかにし，この種の事案の発生を最小限に食い止める方法を創設する必要があると思われる。

③　通過上陸の許可（入管法15条）

　　通過上陸の許可については，観光通過上陸の許可（入管法15条1項）と，周辺通過上陸の許可（同条2項）があり，これらの上陸許可申請は，当該外国人の乗ってきた船舶等の長等がその責任と権限によって行うものとされている。

　　観光通過上陸の許可は，船舶に乗っている外国人乗客が，その船舶が本邦の2つ以上の出入国港に寄港する場合，1つの出入国港において上陸して本邦を陸行しながら観光し，他の出入国港においてその者の乗ってきた船舶に帰船して出国しようとするときに当該外国人に対して本邦内通過を認める通過上陸の許可を行うものである。この許可は有効な旅券を所持する船舶の乗客に対してのみ与えられるものであって，航空機の乗客はこの許可の対象とはなっていない。

　　周辺通過上陸の許可は，有効な旅券を所持する船舶等の外国人乗客で，本邦を経由して本邦外の地域に赴こうとするものが，上陸後3日以内にその入国した出入国港の周辺の他の出入国港から他の船舶等で出国しようとするときに当該外国人に対して本邦内通過を認めるものである。

　　本条の許可は，本邦を経由して本邦外の地域に赴こうとするものを対象としているので，本邦を最終目的地とする者，又は本邦での在留を目的とする者は対象外とされている。第1項では同一の船舶であるのに対し，第2項では他の船舶等と規定しており，対象となる船舶に違いがあ

ることに留意する必要がある。

④　乗員上陸の許可（入管法16条）

　外国人である乗員（本邦において乗員となる場合を含む。）が，船舶等の乗換え，休養，買物等の目的をもって15日を超えない範囲内で上陸を希望する場合，その船舶等の長等の申請により許可されるものである。

　第1項の乗員上陸許可は1回限りのものであり，乗員上陸許可は第1項の許可が原則とされている。

　数次乗員上陸の許可は，定期航空機又は関釜フェリー等の定期船舶若しくは太平洋を頻繁に往復しているコンテナ船等の乗員であってその乗員に特段の問題がなく，かつ，運送業者による乗員の管理が適正である場合等に付与される。

　本条の許可を受けている者が，その船舶が出港するまでに帰船することなくそのまま滞在を続ける，いわゆる不法残留事案もあるが，この形態を実務では「脱船逃亡」と呼ぶことが多い。

⑤　緊急上陸の許可（入管法17条）

　船舶等に乗っている外国人乗員・乗客に病気，負傷その他の身体上の事故が生じた場合で治療などを受けるため，緊急に上陸する必要があると認められるときに，当該外国人に対してその事由がなくなるまでの間，本邦への一時的上陸を許可するものである。緊急性の判断を誤らないため，厚生労働大臣又は出入国在留管理庁長官の指定する医師の診断を経て許可することとされている。

⑥　遭難による上陸の許可（入管法18条）

　遭難船舶等に乗っていた外国人乗員・乗客に対する上陸許可をいう。

　「遭難船舶等」とは，船舶等の運航に支障を生ずる重大な事故が発生した船舶等をいうとされている。

　緊急上陸の許可，遭難による上陸の許可は人道的配慮に基づくものであり，したがって，当該外国人が旅券・乗員手帳を所持しているかどうか，査証を取り付けているかどうかに関わらず，また，上陸拒否事由に該当するものであってもそれぞれの許可をすることができる。

⑦　一時庇護のための上陸の許可（入管法18条の2）

第3節　上陸手続　11

船舶等に乗っている外国人が難民に該当する可能性があり，かつ，その者を一時的に上陸させることが相当であると思料するときに所定の手続を経て入国審査官が与える許可である。

一時庇護のための上陸申請は事柄の性質上，他の特例上陸の場合と異なり当該外国人本人が行うものとされている。なお，一時庇護のための上陸の許可は，難民の認定を受けた者を対象とするのではなく，本人の主張をはじめとする諸般の情況から判断して難民かもしれないという蓋然性に基づいて付与されるものであるので，高収入を求める等経済上の理由から本国を出発し他国に赴こうとする者は対象にはならない。

3　仮上陸の手続（入管法13条）

仮上陸とは，上陸手続中，特に必要があると認める場合に，主任審査官の許可により上陸を認めるものである。上陸審査が長引く場合，本来当該外国人は空港施設等にとどめ置かれることになるが，主任審査官は当該外国人に対し，住居・行動範囲の制限等の条件を付し，かつ，保証金を納付させることができる。

なお，主任審査官は，仮上陸の許可を得た外国人につき，逃亡のおそれがあると疑うに足りる相当の理由がある場合は，収容令書を発付して入国警備官に当該外国人を収容させることができ，仮上陸の許可を得た外国人が許可の条件に違反するなどした場合は，法務省令の定めに従い，納付させた保証金を没取することができる。

Comment　◆　「没収」と「没取」の違い

没収は，犯罪行為と関係のある一定の物（犯罪組成物件，犯罪供用物件，犯罪生成物件，犯罪取得物件等）の所有権を剥奪して国庫に帰属させる刑罰であり，刑法上の付加刑である。没取は，一定の物の所有権を剥奪して国庫に帰属させる各種の行政処分である。

「ぼっしゅう」と「ぼっしゅ」の発音が紛らわしいので，実務上「没取」は「ぼっとり」と言うことが多い。

第4節　外国人の在留管理

1　新しい在留管理制度（法改正の概要）

　平成21年7月8日に入管法等を改正する法律案が可決され，同月15日に法律第79号として公布され，平成24年7月9日から施行された。

　この改正は，近年，本邦に在留する外国人が増加しその国籍も多様化するなか，外国人の在留状況の正確な把握が困難となり，適正な在留管理に支障が生じている情勢に対応するため，入管法と外国人登録法の2つの制度による管理制度を改め，新たな在留管理制度を第一の目的としたものである。

　これにより外国人登録制度は廃止され，これに代わって入管法に基づき，出入国在留管理庁長官が発行する「在留カード」による在留管理が行われている。このほかに，平成21年の改正法により，外国人研修制度の見直しや，在留資格のうち「留学」「就学」の区分けをなくし「留学」の在留資格に一本化された。研修制度の見直しについては，研修生，技能実習生として在留する外国人が実質的に低賃金労働者として扱われるという不適切な問題が増加している現状に対処し，その保護の強化を図るため，新たな在留資格として「技能実習」を設け，労働関係法令の適用の対象とするなどした。

　令和5年6月9日，入管法等を改正する法律が成立し，同月16日公布された（令和5年法律第56号）。

　この改正法は、送還停止効の例外的規定の創設，罰則付き退去命令制度の創設，収容に代わる監理措置制度の創設，「補完的保護対象者」認定制度の創設，在留特別許可申請手続の創設等を内容としている。

　また、令和6年6月14日，入管法等を改正する法律が成立し，同月21日公布された（令和6年法律第60号）。

　この改正法により「育成就労制度」が新設され，「技能実習」の在留資格は廃止される。この法律の主な内容は，

- ・技能実習制度に代わり人材育成と人材確保を目的とする「育成就労」制度を創設する
- ・一定の条件付きで外国人本人の意向に基づく転籍を認める

第4節　外国人の在留管理　13

・監理団体の要件を厳格化し「監理支援機関」とする

となっている。改正法は令和9年6月20日までに施行される見通しとなっている。

2　在留資格

　在留資格とは，外国人が本邦に入国・在留して特定の活動を行うことができる資格又は本邦に入国・在留することができる身分又は地位を有する者としての活動を行える資格をいう。在留資格の種類及び当該在留資格で行える活動の範囲は，入管法別表第1，第2に規定されている。

　入管法別表第1の在留資格をもって在留する外国人は，収入を伴う事業活動・報酬を受ける活動について制限を受ける。同表第1の1，2，5に掲げる資格，すなわち，「外交，公用」「経営・管理，医療，研究」「特定活動」等の在留資格の場合は，その資格に与えられた活動（同表下欄に記載されている活動→例えば資格が「医療」の場合：医師，歯科医師その他法律上資格を有する者が行うこととされている医療に係る業務に従事する活動）に属しない収入・報酬を得る活動は行うことができない（入管法19条1項1号）。また，同表第1の3，4に掲げる資格，すなわち，「短期滞在」「留学」等の場合は，収入・報酬を得る活動は行うことができない（同法19条1項2号）。

　ただし，入管法別表第1の在留資格をもって在留する外国人が収入・報酬を得る活動を希望する場合，出入国在留管理庁長官が相当と認めれば許可される（同法19条2項）。これに違反して，許可を受けることもないまま，収入・報酬を得る活動を行えば，資格外活動違反として処罰される（同法70条1項4号，73条）。この場合，不法就労者を雇用した事業主等も不法就労助長の罪で処罰される（同法73条の2）。

　これに対し，入管法別表第2に定め

14 第1章 出入国管理及び難民認定法の概要

る在留資格，すなわち，「永住者」「日本人の配偶者等」「永住者の配偶者等」「定住者」の資格をもって在留する外国人は，我が国での活動について特段の制限はない。

主な在留資格と在留期間

在留資格	在留期間
経営・管理	5年，3年，1年，6月，4月，3月
技術・人文知識，国際業務	5年，3年，1年，3月
介 護	5年，3年，1年，3月
興 行	3年，1年，6月，3月，30日
技 能	5年，3年，1年，3月
特定技能 ① 特定産業分野＊であって，法務省令で定める相当程度の知識又は経験を必要とする技能を要する業務に従事する活動を行う者	1年を超えない範囲内で法務大臣が個々の外国人について指定する期間
② 特定産業分野＊であって，法務省令で定める熟練した技能を要する業務に従事する活動を行う者	3年，1年，6月
短期滞在	90日若しくは30日又は15日以内の日を単位とする期間
留 学	4年3月を超えない範囲内で法務大臣が個々の外国人について指定する期間
研 修 ① 医師，看護師等で，許可を受けて医療関係の知識，技能の修得をしようとする者	2年，1年，6月，3月
② 技術，技能又は知識の修得をする活動等をする者	1年，6月，3月
永住者	無期限
日本人の配偶者等	5年，3年，1年，6月
定住者 ① 告示で定める地位を認められる者 ② ①以外の地位を認められる者	5年，3年，1年，6月 5年を超えない範囲内で法務大臣が個々の外国人について指定する期間

＊ 人材を確保することが困難な状況にあるため，外国人により不足する人材を確保すべき産業上の分野 → 建設業や介護業等を想定
(注)「特定技能」の在留資格は，平成31年4月1日に施行された改正入管法により創設された。特定産業分野の種類，家族の帯同の有無等は，特定技能の在留資格に係る制度の運用に関する基本方針や入管法施行規則等で規定されている。

3 在留期間の更新等

在留資格を有する外国人は，その者の有する在留資格の変更を受けるこ

とができ（入管法20条1項），また，現に有する在留資格を変更することなく，在留期間の更新を受けることができる（同法21条）とされている。

このうち，同法第20条第1項括弧内の「これに伴う在留期間」の規定は，入管法が定める在留資格制度において，在留資格と在留期間は一体不可分の関係にあり，在留資格を決定する場合には必ずその在留資格に対応する在留期間が定められることとなっている（同法9条3項等）ところ，在留資格の変更はそれに伴う在留期間の変更を含むものであることを念のため明らかにしたものである。

従前は，在留期間内に在留期間更新申請をしても，その期間内に処分を終了しない場合がしばしば見られたが，これに対処するため，平成22年7月1日から新しい制度が施行されている。

＜在留期間更新申請をした者の在留期間の特例＞

- Ⓐ　在留期間満了日
- ①　在留期間更新申請
- ◎　在留期間内に更新許可
- △　在留期間経過後に処分決定
- Ⓑ　従前の在留期間の満了日から2月を経過する日

在留期間の満了日までに在留期間更新申請をした場合において，申請に対する処分が在留期間の満了日までに終了しない場合には，その外国人は，その在留期間の満了後も，処分がされるとき又は従前の在留期間の満了日から2月を経過する日のいずれか早いときまで，引き続き当該在留資格をもって本邦に在留することができるとされた（入管法20条6項）。よって，上図の場合は，Ⓐの時点で在留期間は満了しているが，申請の処分がされる△の時点までは引き続き本邦に在留できる（処分がされるとき又は従前の在留期間の満了日から2月を経過する日のいずれか早いときとされているので，この場合はⒷの時点ではなく△の時点までとなる。）。

在留資格の変更・在留期間の更新が許可されたときは，入国審査官が当該外国人の旅券に新たな在留資格・在留期間を記載する。在留期間の更新

16 第1章 出入国管理及び難民認定法の概要

等を受けないまま，在留期間を経過して本邦に在留した場合は，不法残留罪として処罰される（入管法70条1項5号）。

参考判例

◆ 在留外国人が在留期間経過後に期間更新不許可の通知を受け引き続き在留した場合と出入国管理令70条5号〔現・入管法70条1項5号〕の罪の成否
（最決昭45.10.2刑集24・11・1457）

事案の概要

本件は，在留期間満了後に不許可処分がなされた場合について，在留期間満了後，更新不許可通知を受けた日までの在留は，一応不法残留罪を定めた法令に該当するものの，在留の動機・目的・態様や法令の立法目的，法秩序全体の見地から考えて，これを不法残留罪として処罰すべき実質的な違法性はないとし，この間の在留は不法残留罪を構成しないと判断した事案である。

決定要旨

出入国管理令4条1項6号の在留資格により本邦に在留する外国人が，在留期間中2度にわたって同令21条による在留期間の更新を申請し，いずれも在留期間経過後に更新許可の通知を受け，更に第3回目の更新を申請し，在留期間経過後に不許可の通知を受けたが，引き続き在留していたため，不法残留者の容疑で身柄を収容された場合には，右更新不許可の通知を受けた後身柄を収容されるまでの期間について同令70条5号の罪が成立する。

◆ 在留期間更新の申請をした後在留期間を経過した外国人が上記申請を不許可とする決定の通知が発出されたころ以降本邦に残留した行為につき不法残留罪が成立するとされた事例
（最決平17.4.21刑集59・3・376）

事案の概要

本件は，在留期間更新申請に当たって，在留資格の基礎となる事実について虚偽申請をし（日本人の配偶者等の資格で在留する者が，妻との同居の事実を虚偽申請した。），入管当局からの出頭要請にも応じないなど不誠実な対応をしていた事案である。

決定要旨

在留期間更新の申請をした後在留期間を経過した外国人が上記申請を不許可とする決定の通知が発出されたころ以降本邦に残留した行為については，同人において，上記申請に当たり虚偽の申出をしたほか，審査のため入国管理局が求めた出頭要請等にも誠実に対応していないという本件事実関係（判文参照）の下では，上記通知の到達の有無や上記申請が不許可となったことについての同人の認識の有無を問わず，不法残留罪が成立する。

◆ 不法残留を理由に退去強制令書の発付を受けた者が自費出国の許可を得た後同許可の際指定された出国予定時までの間身柄を仮放免されて本邦に滞在していた行為と不法残留罪の成否
（最決平15.12.3刑集57・11・1075）

事案の概要
　不法残留者が自ら入管当局に出頭した場合等に，出国までの間，身柄を収容せずに仮放免されることがあるが，仮放免は新たな在留資格を与えるものではないことはいうまでもない。したがって，予定どおりに出国すれば不法残留の罪で訴追されることはないと思われるが，仮放免の期間を超えて本邦に在留し，不法残留の罪で訴追されたような場合は，在留期間経過後の全期間，すなわち仮放免の期間を含む全期間について，不法残留罪が成立するとした。

決定要旨
　不法残留を理由に退去強制令書の発付を受けた者が，自費出国の許可を得た後同許可の際指定された出国予定時までの間，身柄を仮放免されて本邦に滞在していた行為についても，不法残留罪が成立する。

> **Comment**　偽装滞在者（偽りその他不正の手段により，上陸の許可等を受けて本邦に上陸した者，又は在留期間の更新許可を受けた者等）が増加し，これに対応するため平成28年11月28日に入管法の一部改正がなされ，罰則規定に「偽りその他不正の手段により，上陸の許可等を受けて本邦に上陸し，又は第4章第2節の規定による許可を受けた者」（入管法70条1項2号の2）が追加され，平成29年1月1日から施行されている。これを受け同法第24条（退去強制）第4号ルも改正されている。

4　在留資格の取消し等

　在留資格をもって本邦に在留する外国人について，主に以下のいずれかの事実等が判明した場合には，当該外国人の在留資格を取り消すことができる（入管法22条の4）。

① **偽りその他不正の手段により，上陸拒否事由（入管法5条1項各号）に該当しないものとして，上陸許可の証印又は許可を受けたこと**
② 不実の記載のある文書又は図画の提出又は提示により，上陸許可の証印等を受けたこと
③ 在留資格に該当する活動を行っておらず，かつ，他の活動を行い又は行おうとして在留していたこと（正当な理由がある場合を除く。）

18　第1章　出入国管理及び難民認定法の概要

④　在留資格に該当する活動を継続して3か月以上行わないで在留してい
　たこと（正当な理由がある場合を除く。）
⑤　「日本人の配偶者等」又は「永住者の配偶者等」の在留資格を有する
　者としての活動を継続して6か月以上行わないで在留していること（正
　当な理由がある場合を除く。）
　→例えば，子の親権を巡って調停中の場合や日本人配偶者が有責である
　　ことなどを争っているときは，正当な理由がある場合に該当すると解
　　される。

＜在留資格を取り消されるケース（例）＞
○上陸拒否事由に該当している事実を偽った場合
　例：過去に不法残留等の理由で国外退去の措置を受け日本を出国した外
　　　国人が，上陸拒否期間中にもかかわらず，この事実を隠した上で氏
　　　名を変更して上陸した場合
○日本での活動内容を偽った場合
　例：就労する目的で日本に来た外国人が，学校に通うと偽って留学ビザ
　　　を取得した場合
○上記以外の内容を偽った場合
　例：外国人が，就労ビザの取得に必要な要件（学歴，資格等）を偽っ
　　　て，上陸許可等を受けた場合
○申請人以外が虚偽の文書を提出した場合
　例：外国人の研修生を受け入れる機関が，虚偽の研修計画書等を作成・
　　　提出し，その研修生が上陸許可等を受けた場合
○在留資格を有する外国人が，正当な理由がないのに，在留資格に該当す
　る活動を行っておらず，かつ，他の活動を行い又は行おうとしている場
　合
　正当な理由　→　就職した会社が倒産して急に解雇され，再就職に向け
　　　　　　　　　て就職活動を行っている場合等
○在留資格を有する外国人が，正当な理由がないのに，3か月以上活動を
　行っていない場合
　正当な理由　→　職場においてけがを負い，長期療養中の場合等

<主な在留資格取消しの流れ>

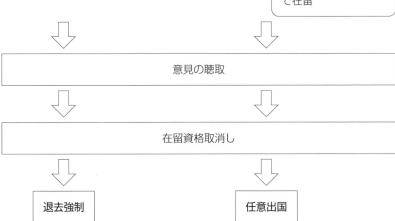

 ◆ **在留資格取消制度の強化（入管法22条の4第1項5号）**
　技能実習先から無断で姿を消し，別の場所で不法に就労するなどの失踪技能実習生が増加し問題となっている。
　これに対応するため，平成28年11月28日に入管法の一部改正がなされ，「別表第1の上欄の在留資格をもって在留する者が，当該在留資格に応じ同表の下欄に掲げる活動を行っておらず，かつ，他の活動を行い又は行おうとして在留していること（正当な理由がある場合を除く。）。」が新設され，平成29年1月1日から施行されている。
　なお，入管法第22条の4第1項第6号とは異なり，本号では「3か月以上」という期間の定めがないので，「3か月に満たない場合」であっても在留資格取消事由に該当する。

在留資格が取り消される場合は，30日以内の出国猶予期間が付与され，この期間内に自主出国することが認められる。出国猶予期間を経過して本邦に残留した場合は，退去強制の対象となり，刑事罰の対象にも該当する（入管法70条1項3号，22条の4第1項1号，2号）。

5　在留カード

平成24年7月9日から新しい在留管理制度がスタートし，これまでの外国人登録制度は廃止され，外国人登録証明書に代わり「在留カード」が交付されている。

(1)　在留カードとは

「在留カード」とは，新規の上陸許可，在留資格変更許可や在留期間の更新許可等在留資格に係る許可の結果として本邦に中長期間在留する者に対して交付される。したがって，出入国在留管理庁長官が本邦に中長期間滞在できる在留資格及び在留期間をもって適法に在留する者であることを証明する「証明書」としての性格を有するとともに，上陸許可以外の在留資格に係る許可時に交付される在留カードは，従来の旅券になされる各種許可の証印等に代わって許可の要式行為となるため「許可証」としての性格を有している。

なお，在留カードは携帯義務が課されている（入管法75条の3，23条2項）。

在留カードの交付対象者は，本邦に在留資格をもって在留する外国人のうち，以下のいずれにも該当しない者である（入管法19条の3）。

① 「3か月」以下の在留期間が決定された者
② 「短期滞在」の在留資格が決定された者
③ 「外交」又は「公用」の在留資格が決定された者
④ 「特定活動」の在留資格が決定された台湾日本関係協会の本邦の事務所（台北駐日経済文化代表処等）若しくは駐日パレスチナ総代表部の職員又はその家族等（入管法施行規則19条の5）
⑤ 特別永住者（特別永住者については，「特別永住者証明書」が交付

第4節　外国人の在留管理　21

される。）
⑥　在留資格を有しない者（いわゆる不法滞在者）

在留カード見本

表面　　　　　　　　　　　　　　裏面

（出典：出入国在留管理庁ホームページ）

　見本の在留カードから読み取れることは，在留資格が「留学」，在留期間は「4年3月」そして，在留期間満了日は「2023年7月1日」ということ等である。

(2) **在留カードの記載事項**

　在留カードの記載事項（入管法19条の4）は，
　　①在留カード番号
　　　この番号を使ってカードの有効性を調べることができる
　　②氏名，生年月日，性別，国籍・地域
　　③住居地
　　　変更があった場合には，カードの裏面に記載される
　　④在留資格
　　　就労制限の有無→例えば「就労不可」等
　　⑤在留期間及び在留期間満了日
　　⑥許可の種類→例えば「在留期間更新許可（法務省出入国在留管理庁長官）」等
　　⑦許可年月日，交付年月日
　　⑧有効期間
　　　在留期間満了日と同一
等であり，出入国在留管理庁長官が把握する情報の重要部分が記載されているので，記載事項に変更が生じた場合には変更の届出が義務付けら

れている（同法19条の9，19条の10）。

　在留カードの裏面には，「資格外活動許可欄」と「在留期間更新等許可申請欄」が設けられており，例えば在留資格が「留学」である場合には，就労制限の有無の欄には「就労不可」と記載されるが，資格外活動許可を受けている場合には，裏面の資格外活動許可欄に「許可：原則週28時間以内・風俗営業等の従事を除く」等と記載される。また，在留資格変更申請をしている場合には「在留期間更新等許可申請欄」に「在留資格変更許可申請中」等と記載されている。したがって，在留カード1枚でそのカード所持者の個人情報を全て把握することができるようになる。

　また，在留カードの偽変造防止対策として，ICチップ，ホログラムが施されている。ICチップに記録される情報は，在留カードの券面に記載された事項の全部又は一部であり，それ以外の情報は記録されることはない取扱いとされている。具体的には，氏名，生年月日，性別，国籍・地域，住居地，写真（在留カードに表示されている場合に限る。）及び資格外活動許可を受けたときにおける新たに許可された活動の要旨などが記録されるが，「指紋情報」は記録されない。

Comment ◆ 在留カードに関する罰則

○偽造・変造（入管法73条の3第1項，第4項）
　　行使の目的で，在留カードを偽造し，又は変造
　　　→1年以上10年以下の拘禁刑　未遂処罰

○行使（同法73条の3第2項，第4項）
　　偽造又は変造の在留カードを行使
　　　→1年以上10年以下の拘禁刑　未遂処罰

○提供，収受（同法73条の3第3項，第4項）
　　行使の目的で，偽造又は変造の在留カードを提供し，又は収受
　　　→1年以上10年以下の拘禁刑　未遂処罰

○所持（同法73条の4）
　　行使の目的で，偽造又は変造の在留カードを所持

→5年以下の拘禁刑又は50万円以下の罰金
○準備（同法73条の5）
　偽造・変造の犯罪行為の用に供する目的で，器械又は原料を準備
　→3年以下の拘禁刑又は50万円以下の罰金
◎他人名義の在留カードの利用（同法73条の6）
　①他人名義の在留カードを行使
　②行使の目的で，他人名義の在留カードを提供し，収受し，又は所持
　③行使の目的で，自己名義の在留カードを提供
　→1年以下の拘禁刑又は20万円以下の罰金　未遂処罰（所持を除く。）
※同法第73条の6は，真正な他人名義の在留カードを利用した場合に限る。

◆　他罪との関係
　在留カードを偽造し，偽造在留カードを行使した場合，在留カードは本来的には公文書に当たるものの，本罪が新設されたことから，在留カード偽造罪・同行使罪が成立し，有印公文書偽造罪・同行使罪は成立しない。
※　「懲役」「禁錮」について「拘禁刑」と統一した（令和7年6月1日施行）。

　現状の「在留カード」は，3月を超えて在留する外国人に交付され，常時携帯義務が課されている。住民登録され，マイナンバーカードも発行可能である。今後，マイナンバーカードの機能拡充が図られる予定であり，令和6年6月21日法律第59号により入管法の一部改正がなされ，2年内に施行とされており，施行まで期間があるが，改正法の概要について触れておきたい。

　外国人の利便性を向上させることにより，共生社会の実現を目指すことを目的としてマイナンバーカードと在留カードを一体化した「特定在留カード」が交付されることとなった。

　なお，カードの一体化については任意としており，一体化しないことも可能である。

第2章
退去強制手続

　退去強制手続及び出国命令手続の流れは，フローチャートのとおりであるが，以下順次，検討を加える。

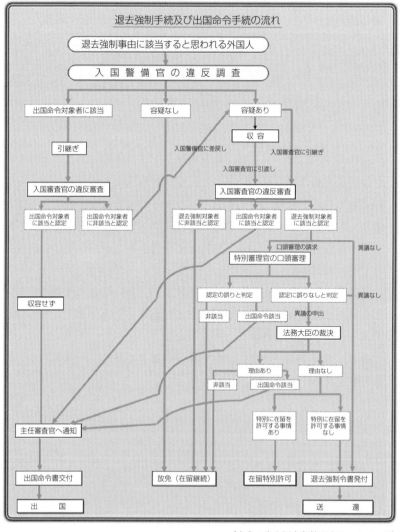

〔出典：出入国在留管理庁ホームページ〕

1 退去強制とは

「退去強制」とは，国家が国にとって好ましくないと認める外国人を，強制力をもって国外に排除する作用をいう。国際法上，国家は自国にとって好ましくないと判断する外国人を追放することができ，また，どのような外国人を好ましくないと判断するかは，国家が自由に判断できるとされている。

なお，本邦に在留する外国人の全てが退去強制の対象となるわけではなく，外交官，国際連合の専門機関の職員，外国軍隊の構成員等の地位にある外国人は，条約などにより，退去強制の対象にはならないものとされている。しかし，当該外国人の在留自体が国にとって好ましくないと認められるときは，退去強制とは別の手段・方法により退去を求めることができることが条約等で定められている。

例えば，外交官については，外交関係に関するウィーン条約第9条第1項の規定による派遣国に対する「ペルソナ・ノン・グラータ」（好ましくない人物）であるとの通告により，国際連合の専門機関の職員については，専門機関の特権及び免除に関する条約第7条第25項の規定による退去の要求により，合衆国軍隊の構成員については，日本国とアメリカ合衆国との間の相互協力及び安

全保障条約第6条に基づく施設及び区域並びに日本国における合衆国軍隊の地位に関する協定（以下「日米地位協定」という。）第9条第6項の規定による送り出し要請により，それぞれ日本からの退去を求めることになる。

2 退去強制事由

退去強制事由については入管法第24条各号に列挙されているが，これを大別すると

26 第2章 退去強制手続

① 出入国管理制度に反する者

不法入国者，不法上陸者，不法在留者，不法残留者（出国命令取消等を含む。），資格外活動者，仮上陸条件違反者，集団密航者

② 反社会性が強いと認められる者

刑罰法令違反者，売春関係業務従事者，人身取引等

③ 国家秩序を害する者

暴力主義的破壊活動者

④ 日本の利益又は公安を害する者

である。

3 出入国在留管理庁の調査・審理

入国警備官は，退去強制事由（入管法24条各号）に該当すると思料する外国人（容疑者）があるときは，その者の違反調査をすることができる。当該容疑者本人あるいは証人の出頭を求めて取調べを行うことができるほか，必要があるときは所属官署の所在地を管轄する地方裁判所又は簡易裁判所の裁判官の許可を得て，臨検，捜索，押収をすることができるなど，犯罪捜査に類似した強制調査権限が与えられている（入管法27条ないし31条）。

また，入国警備官は，収容令書により容疑者を収容することができるが，容疑者を収容したときは，監理措置に付する旨の決定がされた場合を除き，容疑者の身柄拘束から48時間以内に，入国審査官に引き渡さなければならない。なお，収容令書の発付を待っていては逃亡のおそれがあるときは，収容令書の発付を待たずに容疑者を収容し，事後，主任審査官に収容令書の発付を求めることができる（要急収容）（入管法39条の2，43条，44条）。

収容令書による収容の期間は30日間であり，やむを得ない場合は，主任審査官の判断により30日まで延長することができる（入管法41条）。

＜「収容に代わる監理制度」の創設（入管法44条の2）＞

令和5年の入管法改正により，収容を巡る諸問題の解決を図るため「収容に代わる監理措置制度」が創設された。

「監理措置」とは，監理人による監理の下，逃亡等を防止しつつ，相当期間にわたり，社会内での生活を許容しながら，収容しないで退去強制手

続を進める措置である。

監理措置を受けるための要件は次のとおりである。

退去強制令書が発付される前の外国人（入管法44条の2第1項又は第6項）

・監理人が選定できること。

・主任審査官が，監理措置決定を受けようとする外国人が逃亡し，又は証拠を隠滅するおそれの程度，収容により受ける不利益の程度（心身の健康状態に与える影響や家族関係に与える影響等）その他の事情を総合的に考慮して，収容しないで退去強制手続を行うことを相当と認めること。

退去強制令書が発付された外国人の場合（入管法52条の2第1項又は第5項）

・監理人が選定できること。

・主任審査官が，監理措置決定を受けようとする外国人が逃亡し，又は不法就労活動をするおそれの程度，収容により受ける不利益の程度（心身の健康状態に与える影響や家族関係に与える影響等）その他の事情を総合的に考慮して，送還可能のときまで収容しないことを相当と認めること。

Comment ◆ 監理人になるための要件（入管法44条の3第1項又は入管法52条の3第1項）

・監理人の責務を理解していること。
・監理措置決定を受けようとする外国人の監理人になることを承諾していること。
・任務遂行能力を考慮して，監理措置決定を受けようとする外国人の監理人として適当と認められること。
・被監理者の生活状況の把握，被監理者に対する指導・監督を行うこと。

◆ 監理措置の条件（入管法44条の2第2項又は入管法52条の2第1項など）

・住居の指定
・行動範囲の条件
・呼出しに対する出頭の義務
・その他逃亡等を防止するために必要と認める条件
・これらの条件に加え，300万円を超えない範囲内で保証金を納付することが条件とされることがある。保証金を期限までに納付しなかったときは，監理措置決定が取り消される。

◎監理措置に付された条件などに違反して，逃亡し，又は正当な理由がなくて呼出しに応じない被監理者は，1年以下の拘禁刑若しくは20万円以下の罰金に処し，又はこれを併科する（入管法72条3号）。

4 刑事手続との調整

入管法は，明文の規定を置いていないが，収容前置主義（原則収容主義）をとっているものと解されている。すなわち，容疑者の身柄を収容して入国審査官に引き渡すことが前提であり，例外的に，刑事手続において逮捕，勾留，刑の執行を受ける等して身柄拘束されている場合には，収容しないまま審査手続をすることができるとされている（入管法63条）。

5 退去強制令書の執行

退去強制令書は，入国警備官（又は主任審査官の依頼を受けた警察官，海上保安官）が執行し，入国警備官は，容疑者を国籍国等に送還しなければならないが，運送業者に引き渡して送還させる方法が認められているほか，当該外国人が自らの負担で退去することもでき，その場合は当該外国人が入国者収容所長又は主任審査官の許可を得れば自費出国をさせることができる。

送還先は，容疑者の国籍・市民権の属する国であるが，それができない場合は，本人の希望により，本邦に入国する直前に居住していた国，出生地の属する国等に送還する。

また，直ちに強制送還することができない場合は，送還可能のときまで，入国者収容所等に収容しておくことができる。「送還することができないとき」には，例えば，送還先が戦争状態にある場合等事実上送還が不可能な場合のほか，帰国すれば迫害を受けるおそれがあると客観的に認められる場合等も含まれると解されている（入管法52条，53条）。

＜罰則付き退去強制命令の創設（入管法55条の２）＞

退去を拒む外国人のうち次の者については，強制的に退去させる手段がなく，改正前の入管法下では退去させることができなかったので，これらの者に限って，一定の要件の下で，定めた期限内に日本から退去することを命令する制度が創設され，命令に従わなかった場合には刑事罰を科すこととした。

・退去を拒む自国民を受け取らない国を送還先とする者

⇒ 送還に協力的な国を法務大臣の告示によってリストアップし，そこに載っていない国の国籍を有する者を対象とする。

・過去に実際に航空機内で送還妨害行為に及んだ者

　⇒　その者が偽計又は威力を用いて送還を妨害したことがあり，再び送還に際して同様の行為に及ぶおそれがあること。

罰則：1年以下の拘禁刑若しくは20万円以下の罰金に処し，又はこれを併科する（入管法72条7号）。

6　出国命令制度

(1)　出国命令制度の創設

　　退去強制手続においては，本邦からの出国を希望して自ら出入国在留管理官署に出頭した入管法違反者についても，摘発された場合と同様に身柄を収容した上で一連の手続を行う必要があるが（全件収容主義），従前から，近日中に出国することが確実と認められるものについては，退去強制令書の発付後に自費出国（入管法52条4項）を行った上で，事

出国命令と退去強制の違い

出国命令
- 自ら出頭
- 収容（なし）
- 出国命令書交付
- 出国
- 出国後、1年間は入国不可

退去強制
- 出入国在留管理庁の摘発等
- 収容
- 退去強制令書発付
- 強制送還
- 送還後、5年間（事情によっては10年間）は、入国不可

（出入国在留管理庁ホームページを基に作成）

実上その身柄を収容しないまま本邦から出国させる措置がとられていた。また，不法滞在者の大幅な削減のためには，その自主的な出頭を促進する必要もあることから，平成16年の入管法改正において，入管法違反者のうち一定の要件を満たす不法残留者については，全件収容主義の例外として，身柄を収容しないまま出国させるという出国命令制度が創設され，同年12月2日から施行されている。

(2) **出国命令対象者**

出国命令対象者は，不法残留者（入管法24条2号の4，4号ロ又は6号から7号までのいずれかに該当する外国人）で，

① 速やかに本邦から出国する意思をもって，自ら出入国在留管理官署に出頭したこと

② 違反調査開始後，退去強制対象者の通知を受ける前に，速やかに本邦から出国する意思がある旨を表明したこと

③ 不法残留以外の退去強制事由に該当しないこと

④ 窃盗罪等一定の罪により拘禁刑に処せられたものでないこと

⑤ 過去に本邦からの退去を強制されたこと又は出国命令により出国したことがないこと

⑥ 速やかに本邦から出国することが確実であると見込まれること

の全ての要件を満たしていることが必要である（入管法24条の3）。

また，当然のことながら，出国命令に係る審査規定（入管法55条の84）を設け，入国警備官は，容疑者が出国命令対象者に該当すると認めるに足りる相当の理由があるときは，入管法第39条の2（収容）の規定に関わらず（全件収容主義の例外として容疑者を収容することなく），当該容疑者に係る違反事件を入国審査官に引き継ぐこととな

る。

違反事件の引継ぎを受けた入国審査官は，当該容疑者が出国命令対象者に該当するか否かを速やかに審査し，審査の結果，当該容疑者が出国命令対象者に該当すると認定したときは速やかに主任審査官にその旨を報告することとなる。なお，入国審査官は，当該容疑者が退去強制対象者に該当すると疑うに足りる相当の理由があるときは，その旨を入国警備官に通知するとともに当該違反事件を入国警備官に差し戻すものとされており，差戻し後は，退去強制手続がとられることとなる。

入国審査官から容疑者が出国命令対象者に該当する旨の通知を受けた主任審査官は，15日を超えない範囲で出国期限を定め，速やかに容疑者に対し，所定の出国命令書を交付しなければならない。出国命令を行う場合には，住居及び行動範囲の制限その他必要と認める条件を付すことができ（入管法55条の85），当該容疑者（出国命令を受けた者）がその条件に違反した場合（例えば，就労禁止の条件を付された容疑者が就労したときなど）は，条件違反として出国命令を取り消すことができるとされ（入管法55条の88），取消し命令を受けた容疑者は退去強制の対象となるほか，出国命令を取り消された容疑者が本邦に残留した場合には，刑事罰の対象となる（入管法70条1項8号の3）。

7　出国確認の留保制度

(1)　制度の趣旨

出国確認の留保制度は，重大な犯罪を犯した疑いにより逮捕状等が発せられている外国人，いまだ刑の執行が終了していない外国人，逃亡犯罪人引渡法による引渡しの対象となる外国人等が国外に逃亡することを防止するため，これらの者の出国確認の手続を一定時間留保し，その間に関係機関が所要の措置をとる機会を与えることによって我が国の刑事司法が有効に機能できるようにする趣旨で設けられている。

(2)　出国確認の留保対象

出国確認の留保対象者は，

①　出国の制限を受けている者

②　死刑若しくは無期若しくは長期3年以上の拘禁刑に当たる罪につ

き訴追されている者又はこれらの罪を犯した疑いにより逮捕状，勾引状，勾留状若しくは鑑定留置状が発せられている者

③ 拘禁刑以上の刑に処せられ，その刑の全部につき執行猶予の言渡しを受けなかった者で，刑の執行を終わるまで，又は執行を受けることがなくなるまでのもの

④ 逃亡犯罪人引渡法の規定により仮拘禁許可状又は拘禁許可状が発せられている者

とされている。

これらの者に対し，24時間を限って，その出国を一時的に差し止めることができる。一時的に差し止めるとはいっても，入国審査官が外国人の身体の自由を拘束する等実力をもって出国を阻止するものではない。

入国審査官は，該当者の出国確認を留保したときは直ちに関係機関に通報し，関係機関において，24時間以内に逮捕等の措置をとる必要がある（入管法25条の2）。

8 検察官・警察官から入国警備官への身柄引渡し

検察官は，入管法第70条違反（不法入国・上陸，不法残留等）に係る被疑者を受け取った場合において，公訴を提起しないと決定するときは，入国警備官による収容令書又は退去強制令書の提示を受けたときは，当該被疑者を釈放して当該入国警備官に引き渡さなければならない（同法64条1号）。また，監理措置決定又は監理措置決定の通知を受けたときは，当該被疑者を釈放しなければならない（同条2号）。同法第70条違反の場合に限らず退去強制事由に該当する外国人が，不起訴処分，罰金・執行猶予判決等により釈放される場合は，検察官は出入国在留管理庁と事前に連絡を取り，当該外国人が適切に収容されるよう取り計らうべきである。

実務上，被疑者が退去強制事由に該当している場合には，事前連絡を取り合い，釈放予定日，在庁略式予定日，判決予定日などを通知しているものと思われる。

また，司法警察員は，同法第70条違反の被疑者について，他に余罪がなく収容令書が発付されている場合には，当該被疑者を直接入国警備官に引き渡すことができる（同法65条）。これは，刑訴法第203条の特例であり，

軽微な入管法違反事件については検察官に送致することなく，警察から直接出入国在留管理庁に引き渡し国外退去させて手続を終結するものであり，不法滞在外国人の激増に対処したものである。いわゆる直送の場合，被疑者が身体を拘束された時から48時間以内に，当該被疑者を引き渡す手続をしなければならない。

Comment ◆ 事例紹介
「逮捕・勾留という刑事訴訟手続から退去強制手続に移行した後，再び刑事訴訟手続に移行した事例」

旅券不携帯罪により逮捕・勾留し，その後不法在留事実が判明したが，被疑者の身上特定に足る資料がなく，いったん被疑者を釈放し入国警備官に引き渡した。入管当局は，退去強制手続を進めていたが，その後，被疑者の本国から被疑者宛に身上を特定し得る資料（戸口簿など）が送付され，被疑者の同一性の確認もとれたことから公判請求が可能となった。

この事案では，検察官において逮捕状を請求し，逮捕状の発付を得て，警察署に逮捕状の執行嘱託を行った。通訳人を同行させ，逮捕状記載の犯罪事実等を読み聞かせ逮捕状を執行し，その身柄を検察官に引き渡した。

検察官において，通訳人を介して弁解録取手続をとり，勾留請求の上，所要の捜査を遂げ公判請求した。

逮捕・勾留中に被疑者の人定資料が入手できない場合も多々あるので，身上特定資料の送付・収集は，逮捕直後に行う等早期に資料を入手する必要がある。

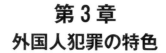

第3章
外国人犯罪の特色

1 特色と問題点

来日外国人犯罪には，次のような特色と問題点がある。

① 事件関係者が我が国の言語を十分に理解し得ない（いわゆる「言葉の壁」）
② 事件関係者が我が国の風俗・習慣，文化，法制度等になじんでいない
③ 被疑者の身上関係・前科前歴の確認が困難である
④ 事案によっては，被疑者が外国人であることを理由とした特異な否認・弁解をしたり，犯罪の動機となる事象が被疑者・被害者の本国における特異事情にあることなどにより，外国にある証拠を収集しなければ適切な事件処理を決し難い場合がある
⑤ 事件関係者が不法残留等の外国人等であることが多く参考人の確保が困難
⑥ 出入国管理行政を念頭に置いた捜査が要求される
⑦ 領事関係に関するウィーン条約に基づき，被疑者の本国の在日領事機関に対し，保護の機会を与える必要がある

このように，日本人に係る犯罪とは異なる種々の特色があり，これらの事情から派生する問題も考慮に入れて捜査を実施する必要があり，来日外国人犯罪の捜査は特殊な分野を形成しているともいえる。

2 権利等の告知と通訳

(1) 職務質問，任意同行，所持品検査

職務質問，任意同行，所持品検査には，刑訴法上の任意捜査としてのものと警察官職務執行法上の警察行政作用に属するものがある。いずれの権限を行使すべきか客観的にも区別し難い場合や同法上の職務質問等から捜査活動に移行する場合が少なくないものの，職務質問に当たっては，その根拠要件，範囲の限界を明確に認識していることが肝要である。

ところで，職務質問，任意同行，所持品検査の実施について，外国人に関する特別な規定があるわけではなく，基本的には日本人に対する場合と同様であるが，相手が外国人である場合で通訳人を同行していないときは，日本語が通じないためその場で十分な措置を講じようとせず，性急な対応をとろうとすることが考えられる。職務質問を例にすると，その場での質問を不十分な状態で打ち切り，質問時間が比較的十分に取れ，通訳人を手配し得る警察署等への同行を求めたり，不審あるいは嫌疑の有無・内容を客観的に明らかにするため，所持品検査を急ぐこと等がこれに当たる。

 日本語が通じない外国人に対する警察署等への任意同行の必要性は，通訳人の手配の必要があるという点で，日本語が通じる者に対する場合よりも広く許容されることは否めないにしても，相手方の承諾を得る等任意であることの確保に努めなければならず，性急な対処は禁物である。相手方の外国人に対し，通訳人なしでもその場で，当該処分や手続の意味内容を詳細に理解させることは困難であるとしても，職務質問，任意同行，所持品検査は比較的意味内容が単純であり，片言のやり取り，筆談，身振り・手振り等を駆使すればある程度意味が通じる場合もあると考えられ，その場で考えられる措置を，手間暇を惜しまずにとることが重要である。

36　第3章　外国人犯罪の特色

　このような措置を十分にとり，かつ，職務質問等の行為が相当なものであれば，相手方がこれに応じない明確な態度を示していた場合は別として，多くの場合にはその手続や行為を了承していたとの事実認定に行きつくであろうし，適正手続に反するとの判断を受けることは少ないと考えられる。また，適正手続の観点からすれば，警察署等に同行後，可能な限り速やかに通訳人を手配し，通訳人を介して改めて職務質問等の意味を含めて十分に理解させる等の措置を講ずるのが相当であり，これによって，職務質問，任意同行，所持品検査及びこれに続く捜査手続全体が適正手続に反するとの判断を受ける可能性はより少なくなるものと思われる。

　なお，相手方が外形上職務質問，任意同行，所持品検査に応じたような態度を取った場合でも，後日，「言葉が通じなかったためよく分からないまま無理やり連れていかれた」「無理やり所持品を見られた」等と種々の弁解をする場合が多いので，職務質問等の経緯やその状況等を報告書などに証拠化しておくとともに，相手方からもできるだけ早い段階でこの点に関する供述を得て，調書化しておくことが必要である。

Comment　警察には，若手警察官に対し，職務質問の方法などについての指導を担当している警察官がいる。

　指導による訓練の場合でも，職務質問のための声掛けや職務質問の態勢などに配慮すべき点はないか等を常に念頭に置く必要がある。

　例えば，通勤・通学で混雑する駅構内で，複数人の私服警察官が対象者を取り囲むようにして矢継ぎ早に質問をする，また，声掛けについて「指名手配の者に似ている」等の被質問者の人格を損なうような声掛けは不適切な声掛けである。

　また，犯罪発生後，その犯人が逃亡中を仮定すると，そのような人着の人物を見かけなかったかどうかを確認するための質問であれば，質問の趣旨を明確に伝え協力を得るという態度でなければ，一般市民の協力を得ることは難しくなると思われる。

　そのため，一般市民の反感を買うような職務質問の仕方は避けなければならない。

---

(2)　**任意提出**

　当該物件の提出が「任意」であったか否かの判断の要点は，任意提出を受けた当該警察官等が任意提出の意味を十分に説明したかということと，提出者がその意味を理解して当該物件を提出することを承諾したか

ということにある。

　任意提出を求める者は，事件の捜査に必要があるため，当該物件を一時預かり保管したいこと，必要性がなくなればいつでも直ちに返還することを説明しなければならない。このことは相手が外国人であっても同様である。

　通訳人を介して外国人から任意提出を受ける場合は問題は少ないが，その際にも，任意提出書に通訳人を介して任意提出の意味及び記載事項の説明をした旨付記し，通訳人の署名を得ておくことで，手続の適法性を客観的に担保し得ると思われる。

　問題は通訳人を確保できず，電話による説明等の代替手段もとり得ない状況の下で，捜査の必要上その場で任意提出を求めざるを得ない場合である。筆談や身振り・手振り等を交えるなどして任意提出の意味等を説明し，その意味が実質的に相手方に伝わって理解された場合には，一応適法な行為といえるであろう。しかし，通訳人を介さなかった場合には，相手方が任意提出書に署名したことを含め後日，言葉が通じなかったとして「意味が分からずに署名した」「提出することを承諾していない」等種々の弁解をすることが多い。したがって，任意提出の経緯やその状況等を報告書等に証拠化しておくことはもとより，相手方についてもできる限り早い段階で通訳人を介して取り調べ，任意提出時の状況等を調書化しておくことが重要である。

(3)　**外国人被疑者の任意同行・逮捕**

①　任意同行とは

　実務上，「任意同行」という言葉は，刑訴法上の任意捜査としての任意同行と，警察官職務執行法2条2項に基づく同行も指している。前者は，犯罪捜査の目的で司法警察権に基づいて行われるものであり，後者は警職法1条1項の「個人の生命，身体及び財産の保護，犯罪の予防，公安の維持」等の行政警察目的で行われる行政警察作用に属し，両者の目的，権限の根拠が異なり法的性格を異にしている。

②　任意同行の限界

　強制処分の意義と任意捜査の限界に関する指導的判例を紹介しておく（最決昭51.3.16刑集30・2・187，判時809・29）。

この判例では，任意捜査と強制捜査の限界を示す基準として「有形力の行使」ではなく，「個人の意思を制圧し，身体，住居，財産等に制約を加えるものか否か」を基準とすべきであるとともに，この程度に至らない有形力の行使であっても任意捜査において，これが許容されるためには，必要性・緊急性を考慮して相当と認められる限度において許容されるとしている。

通常，任意同行に引き続いて取調べが行われることから任意の取調べの限界が争点となる。

本判決の要旨は，「Ａにつき，帰宅できない特段の事情もないのに，同人を４夜にわたり，所轄警察署近辺のホテルに宿泊させるなどしたうえ，連日，同警察署に出頭させ，午前中から夜間にわたるまで長時間取調べをすることは任意捜査の方法としては必ずしも妥当とは言い難いが，同人が宿泊を伴う取調べに任意に応じており，事案の性質上速やかに同人から詳細な事情及び弁解を録取する必要性があるなど，本件の具体的状況のもとにおいては任意捜査の限界を超えた違法なものとまではいえない。」としている。

しかし，この判決は３対２の判決であって，多数意見も取調べ方法の妥当性に疑問を呈しており，本判決をもって，捜査官の影響下に宿泊させ，取り調べる方法が一般的に許容されたと言い難いものがある。

③　適正手続の実質的保障

外国人（被疑者）に対する職務質問，任意同行，逮捕，さらにはこれらに伴う所持品検査，証拠物の任意提出，捜索・差押えに際しては，それぞれの法的根拠及びその限界を十分に理解することは日本人被疑者に対する場合と同様に重要な事柄である。対象者が外国人である場合は，日本語のみならず，日本の法制度を理解していないことを念頭に置く必要があり，外国人に誤解を受けない手続を履践することが大切である。

第4章
外国人犯罪の一般的捜査事項

第1節　外国人の身上確認の必要性

　被疑者が外国人であった場合においても，刑法の属地主義（刑法1条1項）により，基本的に日本人と同一の刑罰規定が適用され，例外として入管法が外国人のみに適用される。

　刑事事件において人定事項を確定することは，被疑者本人であることを特定するため，また，少年法適用の有無を判断するためにも，捜査における基本的事項であり，外国人犯罪捜査においても何ら変わるところはない。しかも，外国人犯罪における不法残留罪のように，当該外国人について有効な在留資格と在留期間の定めがある場合に成立する犯罪のケースでは，当該被疑者の人定が確認されることが擬律判断の前提となる場合があり，外交官のように外交特権を有する者，米軍関係者のように特殊な手続を必要とする者等が存在する。

1　人定事項確定のための捜査要領

　一般に外国人の身分関係を証明しようとした場合に最も多く利用されるのは，旅券及び旅券に準ずるような公的な証明書である。

　入管法では旅券を，
①　日本国政府，日本国政府の承認した外国政府又は権限のある国際機関の発行した旅券又は難民旅行証明書その他当該旅券に代わる証明書（日本国領事官等の発行した渡航証明書を含む。）（入管法2条5号イ）
②　政令で定める地域の権限のある機関の発行した①に掲げる文書に相当する文書（入管法2条5号ロ）

と定義している。

　①には，「国際連合通行証（国際連合の特権及び免除に関する条約7条24項，専門機関の特権及び免除に関する条約8条26項）」「難民旅行証明書（難民の地位に関する条約28条，入管法61条の2の15）」「渡航証明書」等

があり，②には，いわゆる「台湾護照」等台湾の権限ある機関が発行した旅券等がある。

　しかし，外国人犯罪の被疑者の中には，旅券を持たないまま本邦に不法入国した者や偽造旅券で本邦に不法入国した者が多く，このような場合，旅券等によって人定を確定することは不可能である。

　そこで，外国人が旅券を所持していた場合は，その旅券が真正なものか否か，旅券を所持していない場合は，それに代わる人定事項確定の証拠収集が必要となる。

(1)　旅券鑑定

　所持していた旅券が真正なものか否かを確定するには，所持していた被疑者から旅券の入手方法等を聴取して不自然な点がないかどうかを確認するとともに，旅券そのものを鑑定に付することにより，真贋を確定することになる。

　偽造旅券には，写真の貼り替え等明らかに人為的な手が加えられているため偽造であることが判明するケースもあるが，外形上からは偽造か否かが判明しない場合もあり得る。

　前者の場合には，都道府県警察の科学捜査研究所等で鑑定することも可能であるが，後者の場合は，発行国の大使館・領事館へ依頼するなどして真贋を確定する必要があり，ケースに応じて鑑定手法も併せて検討する必要がある。

(2)　本国からの出生証明書等の取寄せ

　被疑者が旅券等身分を証明する文書を所持していなかった場合，被疑者の供述を基に人定事項を確定することになる。その方法として，国際捜査共助及び国際刑事警察機構（ICPO）による捜査共助が考えられるが，回答までに要する日数や手続の煩雑さを考慮すると，最も有効な方法は，本国から身分証明関係の文書（戸口簿，居民身分証，出生証明書等）をファックスにより入手する方法である。

　この場合，被疑者自身あるいは通訳人が被疑者の同意を得て本国の家族に電話して出生証明書等を警察署にファックスで送信させ，これを被疑者から入手し，記載事項を翻訳した報告書を作成するという手法が用いられている。この際，捜査官が本国の家族に直接電話をかけることは

外国における捜査活動とみなされ，主権侵害として国際問題とされる場合があるので，必ず被疑者自身あるいは通訳人に電話をかけさせることが重要である。

(3) その他の証拠収集方法

上記の方法により人定事項が確定できない場合，ほかに考えられる証拠収集手段としては，

① 前科・前歴の指紋照会結果
② 退去強制歴の照会結果
③ 被疑者の所持金品等（預金通帳，メモ，郵便物，免許証等）
④ 捜索差押えによって入手した本国からの郵便物等
⑤ 領事面接の結果

等が考えられるが，いずれの方法でも決め手となる証拠が収集できることは少ない。これらの方法を駆使しながら，被疑者から詳細な供述を聴取し，できる限り人定を特定するほかない。

2　人定事項が確定できない場合の措置

被疑者が捜査に協力しようとしない場合はもちろん，協力的な態度であったとしても，戸籍簿等身分証明の制度が不十分で適切な証明書が入手できないなどの事情により，処分までの間に人定事項が確定できないことも少なくない。

このような場合，人定事項が確定されることが前提となる不法残留事案はともかく，不法在留などの事案では，被疑者を「自称○○○こと（別添写真の女（男））」と特定する方法で処理することが可能である。いうまでもなく，不法在留等，被疑者が外国人であることが前提となる犯罪では，当該被疑者が外国籍であるという程度の特定は必要となる。実務上このようなケースは，被疑者も自白し，自己の身上関係も詳細に供述しているものの，本国との連絡が取れないために身上関係を明らかにするための文書が入手できなかったり，処分時までに間に合わなかったという理由で，氏名・生年月日を自称として処理しているのがほとんどである。

当初，不法残留罪で公判請求し，公判段階に至って偽造旅券を使用して不法入国した旨供述し，捜査の結果これが裏付けられた場合は不法入国を

前提とする不法在留罪に訴因変更することは可能であり，これとは逆に，不法在留罪で公判請求したところ，不法残留罪が明らかとなった場合も同様である。

被疑者の身上確定に関連して，被疑者の国籍，氏名等は判明したものの，捜査を尽くしても少年か否かを確定することができず，かつ，当該被疑者の供述，外見等からして少年であるとの合理的な疑いが存在した場合は，少年として手続を進めるほかない。成人として公判請求した後に公判途中で少年であることが判明した場合は，少年法所定の手続違反となり，刑訴法第338条第4号に該当し公訴棄却の判決を受けることとなる。この場合，少年を家庭裁判所に送致して家庭裁判所の審判を受けることになるが，その際，刑事処分相当とした検察官送致の決定を受ければ，検察官において再度公判請求することになる。

参考判例

外国国籍の被告人に対する殺人，出入国管理及び難民認定法違反事件で，被告人の正確な生年月日は不明であるが，未成年である可能性を否定できないときには，被告人に有利に少年法所定の手続規定が適用されるべきであり，その手続を経ずになされた公訴提起は無効であり，公訴を棄却すべきである（宇都宮地判平3.7.11判タ770・280）。

第2節　外国人に対する強制捜査手続

1　逮捕・勾留

刑事手続に関し，外交特権や日米地位協定を除き外国人に対する特段の定めはなく，日本人と同様に刑訴法が適用され，日本人と同様の現行犯逮捕，緊急逮捕，通常逮捕や勾留等の身柄拘束が行われる。その際，日本語が通じない外国人を対象として刑事手続を進めるに当たっての捜査官としての留意すべき事項を検討する。

(1)　逮捕・勾留等の際の令状の提示，被疑事実等の告知

① 逮 捕

○ 通常逮捕の場合には，被疑者に逮捕状の提示（刑訴法201条1項）

○　逮捕状の緊急執行の場合においては，被疑者に対し，被疑事実の要旨及び逮捕状が発付されている旨の告知（刑訴法201条2項，73条3項）

○　緊急逮捕の場合においては，被疑者に逮捕理由を告知（刑訴法210条）

② 勾　留

○　被疑者を勾留する場合には，被疑者に対し勾留状の提示（刑訴法207条1項，73条2項）

○　勾留状を所持していないためこれを示すことができず，急速を要するときは，被疑者に対し，被疑事実の要旨及び勾留状が発付されている旨の告知（刑訴法207条1項，73条3項）

③ 令状による捜索・差押え

処分を受ける者に令状を示さなければならない（刑訴法222条，110条）

これらの令状の提示，被疑事実の告知は，強制処分を受ける者に対して，裁判（処分）の内容を了知させることにより手続の明確性と公正を担保するとともに，処分を受ける者の不服申立て等の機会を確保してその利益を保護するための規定と解される。

したがって規定の趣旨からすれば，文字の読めない者に対しては口頭で令状の内容を読み聞かせ，日本語が通じない者については相手方が理解できる言語で告知することが望ましく，実務上も，外国人の逮捕・勾留に当たっては，令状を提示する場合にはあらかじめ翻訳文を添付してこれを提示し，又は逮捕・勾留の執行現場に通訳人を伴い，同通訳人を介して告知を行う等の取扱いをするのが通常である。翻訳文の添付や通訳人による通訳を欠く場合，直ちに逮捕手続が違法となるわけではない（東京高判平2.11.29判時1375・139，東京高判平3.9.18判タ777・264）が，翻訳文や通訳人の手配が容易であったにもかかわらず，殊更にこのような配慮を怠った場合には，外国人の権利保護に欠け適正手続の理念に反するとの観点から手続の違法性が問題にされる余地もあり得るので，このような観点にも留意して手続を実施する必要がある。

通訳人を手配できず緊急逮捕又は令状の緊急執行をするときには，と

りあえず日本語により逮捕理由を告知し，筆談や身振り・手振りを駆使する等その場において可能な方法で被疑者に伝わるよう努めるとともに，その後できる限り速やかに被疑者の理解する言語で告知されれば違法とはいえないと解される。

なお，現行犯逮捕の場合には，そもそも告知は要求されておらず，通訳人が介在しなくても違法の問題は生じないと解されているが，適正手続の観点からすれば，逮捕状による逮捕（通常逮捕）等と同様の努力を試みることが望ましいと考える。

参考判例

警察署内において逮捕状を執行した際，通訳人の確保ができなかったため，やむなく，電話口に出た通訳人を介して被疑者に逮捕事実の告知と弁護人選任権について説明させ，その翌日，通訳人を介して再度被疑者に逮捕事実を読み聞かせた上，弁護人選任権を告知したことについて，「こうした警察での逮捕後の弁解録取の手続は，そのような事情のもとでは，やむを得ない措置として是認できる。」旨判示している（大阪高判平3.11.19判時1436・143）。

Comment ◆ 直ちに・速やかに・遅滞なく
この３つの言葉の意味は，いずれも「すぐに」という意味であるが，その速さに違いがある。
○最も時間的即時性が強い言葉
→直ちに
「即時に」という意味であり，いかなる理由をもってしても遅らせてはならないという響きのある言葉。
○次に速さを求められる言葉
→速やかに
「できるだけはやく，間をおかずに，迅速に」という意味である。
○時間的即時性が最も弱い言葉
→遅滞なく
「合理的な理由があればその遅れは許される程度の速さ」を意味する。
（弁護士菊池捷男のコラム参照）

46　第4章　外国人犯罪の一般的捜査事項

⑵　弁解録取手続

　①　手続の概要

　　司法警察員は，被疑者を通常逮捕したとき，又は通常逮捕された被疑者を受け取ったときは，直ちに犯罪事実の要旨及び弁護人を選任することができる旨を告げた上，弁解の機会を与えなければならないとされている（刑訴法203条1項）。検察官は，被疑者を通常逮捕したとき，又は通常逮捕された被疑者（司法警察員から送致された被疑者を除く。）を受け取ったときは，司法警察員と同様の手続をとるものとされており（同法204条1項），また，司法警察員から送致された被疑者を受け取ったときは，弁解の機会を与えるものとされている（同法205条1項）。なお，これらの規定は，緊急逮捕した場合，現行犯逮捕した場合にそれぞれ準用されている（同法211条，216条）。

　　弁解録取は，取調べとは異なるため供述拒否権を告知する必要はないものの，実務上は，弁解録取の段階から取調べを実施することも多いことから，弁解録取時に供述拒否権を告知する場合が多い。

　　弁解録取の手続は，逮捕後直ちに行う必要があるため，適切な通訳人を確保できない場合がある。そのような場合には，電話によって通訳人を介在させる方法，供述拒否権や弁護人選任権等の内容を記載した当該外国語のひな形文書を提示する方法によって告知等を行った事例もあるが，いずれも違法ではないと解されている。また，多数の被疑者による集団密航事件や共犯事件において，複数の被疑者に対し通訳人を介して被疑事実及び権利を一括して告知を行った事例，少数言語のみを使用する被疑者に対し，事件関係者を通訳人として弁解録取を行った事例もあるが，いずれも違法ではないとされている。

　　また，弁解録取の段階で被疑者の使用言語が判明せず，又は使用言語が判明しても適当な通訳人が確保できない場合には，事後できる限り速やかに通訳人を確保して弁解録取段階での告知等を行えば違法ではないし，事後の手続においても通訳人を確保して告知等が行われていれば，当該手続は全体として違法ではないと解される。

　②　要　領

　　権利を理解させる方法については，外国人被疑者は文化的・社会的

背景が異なることや一般的に日本の法律制度についての知識が乏しいという特殊性があることを考慮して，平易・簡潔な用語及び表現を用い，具体的にかみ砕いて告知等をすることが望ましい。また，犯罪事実の要旨の告知については，その被疑者自身が，自分がどのような行為をしたことで身柄拘束を受け，刑事手続に付されているのか，供述拒否権については，犯罪事実につき言いたくないことは言わないでよく，そのために不利益は受けないこと，弁護人選任権については，自分の弁護のため弁護士という資格のある法律専門家を選任できることを常識程度に理解させることをもって足りると解されている。

　以下は，筆者の経験を基に，外国人被疑者に対する権利の告知等を整理したものである。

ア　自分が捜査担当者であることを告げるのが望ましい。

　　外国人被疑者の多くは，警察官，検察官，裁判官，弁護士の区別が理解できないので，検察官において，警察官，検察官，裁判官，弁護士の区別を説明した方がよい。

イ　通訳人については，通訳人であり中立な立場で通訳に当たる者であることを説明するにとどめる。

ウ　弁解録取の段階で，供述拒否権も告知するのが望ましい。

　　言いたくないことは言わなくてもよい権利であることを平易に伝えることが相当である。

エ　人定事項の確認については，氏名，国籍，生年月日，我が国における住居，職業，旅券又は在留カードその他身分の証明に関する書類の有無及び内容を聴取する。

　※　旅券は偽造であることも多いことから，我が国に入国した時期・手段・在留期間・在留資格，本国を出国した時期・手段，前科・前歴の有無，退去強制歴の有無・内容を聴取する。

オ　犯罪事実の要旨の告知については，犯罪事実の内容が分かるように具体的に告知する必要がある。一般的には，罪名を告げた後，犯罪事実を読み聞かせて告知している。

カ　弁護人選任権の告知については，我が国の弁護士，弁護士法人又は弁護士会を指定して弁護人の選任を申し出ることができることを告知するほか，場合によっては選任手続，国選弁護制度についても説明するのが相当であると思われる。

48　第4章　外国人犯罪の一般的捜査事項

キ　領事関係に関するウィーン条約に基づく領事機関への通報の意思
確認については，書面により確認し，我が国の法令の範囲内で領事
機関に親書を発することができる旨を告げる必要がある。警察にお
いて既に意思確認に関する書面を徴し，これが送致記録に添付され
ている場合は，検察官において改めてその書面を徴する必要はない
が，警察の徴した書面で領事機関への通報を不要とする意思が表明
されているときは，検察官の弁解録取時に念のため再度その意思を
確認し，その結果を検察官作成の弁解録取書に録取しているのが一
般的である。
※　領事機関への通報関係については後述する。

ク　弁解の録取については，日本語を理解する者の場合と特段異なる
ところはない。
弁解は出し尽くさせて固定化を図るなどの観点から聴取するととも
に，接見禁止の請求の要否及び内容を決するための事項を聴取するこ
とも必要である。

ケ　逮捕後の手続の概要を説明することが望ましい。
検察官においては，裁判官に勾留の裁判を求めること，勾留の裁判
に当たっては勾留質問があること，勾留期間は10日間で，やむを得な
い理由がある場合には更に10日間を超えない延長が認められること，
勾留期間中に警察官，検察官が取り調べ，検察官において処分を決す
ることなどを説明するのが相当である。

2　領事官通報

(1)　領事官通報制度

日本が批准している「領事関係に関するウィーン条約」（以下「ウィー
ン条約」という。）第36条第1項(b)は，「接受国の権限のある当局は，領
事機関の領事管轄区域内で，派遣国の国民が逮捕された場合，留置され
た場合，裁判に付されるため勾留された場合又は他の事由により拘禁さ
れた場合において，当該国民の要請があるときは，その旨を遅滞なく当
該領事機関に通報する。」と規定しており，同条約の締約国の国民の身
柄を拘束した場合には，警察等の機関において，同条約に基づき領事機
関に通報しなければならない。
ここでいう「領事機関」には，総領事館，領事館等のほか，領事事務

を行う大使館も含み，それぞれ管轄区域が定められている。

　領事官通報の対象となる国は，ウィーン条約締約国のうち，日本国内に領事機関を置いている国であり，ウィーン条約締約国であっても我が国に領事機関を置いていない国の国民については通報の必要はない。

　なお，ウィーン条約締約国の中には，我が国との間で領事関係に関する二国間条約を締結している国があり，それらの国の国民についてはウィーン条約と異なる取り扱いをする場合があるので注意する必要がある。

(2) **通報についての意思確認**

　警察官等は，逮捕等により，ウィーン条約締約国の国民である被疑者の身体を拘束した場合には，遅滞なく，被疑者に対し，

① 被疑者が要請したときは，被疑者が国籍を有する国の領事機関に対し，被疑者の身体が拘束されている旨を遅滞なく通報される権利を有すること

② 被疑者から，被疑者が国籍を有する国の領事機関に宛てたいかなる通信も，日本の法令に反しない範囲で遅滞なく送付される権利を有すること

を告知しなければならない。

　実務上は，弁解録取手続の際に権利について告知を行い，通報要請の意思の有無を確認した上，所定の「領事官への通報要請確書」及び「通報控」を作成し，被疑者に署名させる取扱いとなっている。

　検察官は，警察官にて逮捕された外国人被疑者の送致を受けた場合，警察で前記通報がなされている場合には特段の措置は必要としないが，警察において被疑者が通報を要請しなかった場合は，その被疑者の意思が変わることもあり得るので，弁解録取時に被疑者に通報要請の意思の有無を確認し，要請があった場合には検察官において通報する必要がある。

(3) 通報事項及び方法

領事官に通報すべき事項は，被疑者の人定事項，身体拘束の日時・場所，罪名及び被疑事実の要旨，留置の場所，取扱者の官職・氏名及び所属庁名である。

通報の方法は，逮捕後遅滞なく行うこととされていることから，電話によるのが通常であるが，ファックスで行う方法も増えている。通報した事実は記録上残すことが必要であり，電話聴取書，送信したファックスの写しなどを送致記録に添付する取扱いとしている。

通報先については，留置場所を管轄する領事機関であり，我が国に複数の領事機関がある国の場合には，通報先の領事機関を特定した上で通報する必要がある。

(4) 面談及び親書の発受等

ウィーン条約第36条第1項(c)は，被拘束者と領事官との面談，文通及び領事官による弁護士のあっせんの権利を認めている。

被疑者が領事官との面談を拒否する場合には面談させる義務はなく，この場合には所定の「領事官との面談に関する意思確認書」を作成し，被疑者に署名させた上，必要に応じて領事官に提示し，写しを交付することとされている。

ところで，刑訴法第81条の接見禁止の効果は領事官にも及ぶが，領事官の面談・文通の権利を尊重する趣旨で，領事官が罪証隠滅をすると疑うに足りる相当な理由があるなど，特段の事情が存在しない限りは接見禁止の対象から除外しておくべきであり，実務上も，接見禁止等請求書において，「1　接見の禁止」の項の下に「（ただし，○○国領事官を除く。）」と記載している。

領事官を除外することなく接見を禁止する旨の決定がなされた場合で，領事官から面談の申出があったときは，直ちに接見禁止の一部解除の措置をとらなければならず手続が煩瑣となる。

(5) 二国間条約による取扱い

ウィーン条約のほかに，我が国との間に領事関係に関する二国間条約を締結している国の国民を拘束した場合には，ウィーン条約第36条と異なる取扱いが必要となる場合がある。

① 通報要請の有無に関わらず通報を要する国
　英国，中国，ハンガリー，ポーランド，ロシア，ウクライナ，ウズベキスタン，トルクメニスタン，カザフスタン，モルドバ，キルギス，ベラルーシ，アルメニア，アゼルバイジャン，ジョージア，タジキスタン
　※　ロシア以下の12か国については，旧ソヴィエト社会主義共和国連邦との二国間条約に基づく取扱いをするものである。
　※　中国については，平成22年2月16日発効の「領事関係に関する日本国と中華人民共和国との間の協定」により，通報要請がなくとも通報が必要となった。

② 通報時期などについて留意を要する国
　上記各国のうち，英国及び中国以外の国については，被疑者が逮捕等された日から遅くとも3日以内に通報がなされなければならず，4日以内に第1回目の面談をさせなければならない。中国については4日以内に通報を要する。

③ その他取扱いに留意すべき国等

国　名　等	取　扱　要　領
台　湾	中国領事館への通報不要
香　港	旧香港政庁発行の英国海外市民旅券所持者 →英国領事館に通報
	香港特別行政区政府発行の旅券所持者 →その者の意思に関わらず中国領事館に通報

マ カ オ	中国の旅券所持者 →その者の意思に関わらず中国領事館に通報
	ポルトガル旅券所持者 →通報を希望する場合はポルトガル領事館に通報
	中国の旅券＋ポルトガルの旅券両方所持者 →中国領事館へ通報し，さらにその者が希望する場合はポルトガル領事館に通報
北 朝 鮮	通報の必要なし
大 韓 民 国	在日韓国人であっても，その者が希望する場合は大韓民国領事館に通報
無 国 籍 者	原則不要 ※ 外国政府発行旅券を所持している場合で，その者が通報を希望する場合は旅券発行国の領事館への通報が相当
重 国 籍 者	その者の希望する領事館に通報 ※ 複数の領事館への通報を希望する場合にはそれぞれの領事館に通報
米軍の構成員，軍属又はそれらの家族	日米地位協定に基づき米軍当局に通報する必要があるが，米国領事館への通報は不要

3 外交特権

(1) 意 義

日本国に滞在する，外交官，大使館職員，その家族については，逮捕や勤務先及び個人的住居における捜索・差押えが許可されない場合があるとともに，一定の範囲について刑事裁判権からの免除が認められており，一般的に「外交特権」と呼ばれている。

(2) 外交特権の主体

外交関係に関するウィーン条約では，使節団の公館（大使館等）や使節団の書類，公用通信等を不可侵としている（同条約22条，24条，27条等）ことから，それらに対する捜索・差押えを禁じている。

外交特権を享有する主体について，

○ 外交官（使節団の長又は使節団の外交職員）

○ 事務及び技術職員（通訳・翻訳者，タイピスト，秘書等）

○ 役務職員（運転手，料理人，庭師等）

○　家族

　　○　個人的使用人

と分類し，

　　○　接受国（日本を指す）の国民でない場合又は接受国に通常居住していない場合

　　○　接受国の国民である場合又は接受国に通常居住している場合

と大別して，享有する外交特権の内容を定めている（同条約29条以下）。

(3)　外交特権の範囲

　　外交特権を享有する主体ごとに整理したのが次の表である。

主　体	外交特権の範囲
接受国の国民でない外交官又は接受国に通常居住していない外交官	身体（外交関係に関するウィーン条約29条），個人的住居及び書類，通信，財産（同条約30条）について**不可侵**を享有 →逮捕や捜索・差押えが許されない 接受国の刑事裁判権，一定の訴訟を除く民事裁判権及び行政裁判権からの免除を享有（同条約31条1項）
外交官の家族の構成員で，その世帯に属するものについても接受国の国民でない場合	上記同様の特権及び免除を享有（同条約37条1項）
接受国の国民でない事務及び技術職員又は接受国に通常居住していない事務及び技術職員	上記外交官と同様の特権及び免除を享有。ただし，接受国の民事裁判権及び行政裁判権からの免除，関税の免除については，詳細規定あり（その家族の構成員でその世帯に属するものについても同様）（同条約37条2項）
接受国の国民でない役務職員又は接受国に通常居住していない役務職員（運転手等）	その公の任務の遂行に当たって行った行為についての裁判権からの免除を享有するのみ（その家族についての特権や免除の享有は認められていない）（同条約37条3項）
外交官や大使館職員の個人的使用人	日本では特権や免除の享有を認めていない（同条約37条4項）
接受国の国民である外交官又は接受国に通常居住している外交官	その任務の遂行に当たって行った行為についてのみ裁判権からの免除及び不可侵を享有（同条約38条1項）

(4)　捜査上の留意点

　　このように外交特権といっても，その立場・地位によって大きな差異

があるので，捜査においては通常要求される捜査事項のほかに，当該被疑者の身分と犯した行為の公務性を確定することが必要となる。身分の関係については，外務省に対して職員としての登録の有無及び外交特権等享有の有無等を照会することにより確認することが可能である。

また，犯した行為の公務性に関しても，当該被疑者から事情聴取をするにとどまらず，大使館や領事館に対して照会しておくことも必要である。

4 在日米軍関係者による犯罪

(1) 刑事裁判権の所在

在日米軍関係者とは，

- 米軍の構成員（米軍の陸・海・空軍人）
- 軍属（米軍の被雇用者のうち，米国籍を有する者）
- 家族（配偶者，21歳未満の子，父母及び21歳以上の子で生計費の半額以上を米軍の構成員又は軍属に依存している者）

を指し（日米地位協定1条），これらの者については，刑事裁判に関し特別の定めが設けられている。

① 基本的裁判権

日本国側は，米軍の構成員等が日本国の領域内で犯す罪で日本国の法令によって処罰することができるものについて裁判権を有し，米軍当局は，米国の軍法に服する全ての者に対し，米国の法令により与えられた全ての刑事及び懲戒の裁判権を日本国内において行使する権利を有する（日米地位協定17条1項）。

② 裁判権が競合する場合の第一次裁判権

日米両国の裁判権が競合する場合，米軍当局は，

ア 専ら米国の財産若しくは安全のみに対する罪，又は専ら米軍の他の構成員若しくは軍属若しくは米軍の構成員若しくは軍属の家族の身体若しくは財産のみに対する罪

イ 公務執行中の作為又は不作為から生ずる罪

について第一次裁判権を有し（日米地位協定17条3項(a)），その他の罪については，日本国が第一次裁判権を有する（日米地位協定17条3

項(b))。

　なお，米軍当局が第一次裁判権を有する犯罪についても，米軍当局が第一次裁判権を行使しない場合に，日本国はその有する第二次裁判権を行使し得る。また，同じく米軍当局が第一次裁判権を有する犯罪について，当該犯罪について最初の通知のあった日の翌日から起算して10日以内に米軍側から裁判権を行使するか否かの通知がなかった場合には，日本国側が裁判権を行使することができる（日米地位協定第17条関係：刑事裁判管轄権に関する合意事項40項）。

　このように，第一次裁判権の行使・不行使が未確定のまま放置されることのないよう，裁判権行使通告期間制度が設けられている（日米地位協定第17条関係：刑事裁判管轄権に関する合意事項40項，49項，52項）。

　日本側は，自らが第一次裁判権を有する犯罪が犯されたことを認知したら直ちに米国側に犯罪通知を行うが（在宅事件は事件の送致日，身柄事件は逮捕日），裁判権行使通告期間は，最初の犯罪通知の日から起算して，比較的軽微な事件については原則10日以内，その他の事件については原則20日以内とされている。そのため，日本側が第一次裁判権を有する犯罪であっても，その期間を徒過させた場合は，公訴提起が不可能となるので注意する必要がある。

(2)　**被疑者の身柄引渡し等**

　第一次裁判権が米軍側にあるか日本国側にあるかによって取扱いが異なる。この取扱いについても日米間の合意が存在する。

①　米軍当局が第一次裁判権を有する場合で，日本が先に被疑者の身柄を拘束した場合（逮捕した場合）には，その身柄を米軍当局に引き渡すこととなる（日米地位協定17条5項(a)）。

②　日本国が第一次裁判権を有する場合で，日本が先に被疑者の身柄を拘束した場合（逮捕した場合）には，日本は，刑訴法の規定に従い身柄の拘束を継続することができる。

第❸節　外国人の取調べ・供述調書作成

1　序論

　刑訴法は，外国人の取調べに関する特段の規定を置いておらず，基本的には日本人の取調べと何ら異なるところはない。しかしながら，相手が外国人であるが故の風俗や慣習等の違いから生ずる問題点や留意事項もある。

　人種差別的発言や人権無視と受け取られかねないような発言，宗教を冒瀆するような発言は厳に慎むべきであり，言おうとするところはしっかりと耳を傾けることが必要である。また，外国人被疑者の中には，我が国の刑事手続並びに捜査機関及び捜査官に対し，不安，恐怖心及び警戒感等を抱く者も認められる。

2　取調べの基本的心構え

(1)　法令を遵守し適法な取調べを行うこと

　　　取調べの目的が証拠収集の一環である以上，違法な取調べを行って供述を得たとしても，証拠として許容されなければ本来の目的を果たした

とはいえないのであるから法令を遵守しなければならない。被疑者の取調べであれば，黙秘権の告知は当然のこと，供述の任意性に疑いをもたれるおそれのある言動は慎まなければならない。

(2) 迅速かつ徹底して行うこと

取調べは迅速かつ徹底して行う必要がある。人の記憶は薄れ，証拠は散逸することを念頭に置き，取調べはできる限り早く実施し，かつ，徹底して行う必要がある。そのためには，事案の概要を十分確認し，証拠関係を整理し，不足あるいは不十分な証拠があれば早期に補充捜査を実施する必要がある。

そのためには，立証事項を検討し，構成要件を外すことなく証拠関係を吟味し，自己流の証拠整理票などで聴取事項を整理しておく必要がある。

被疑者の供述調書中「申し落としましたが…」という表現は好ましくない。被疑者が話し落とすことはまず考えられず，捜査官が質問していなかっただけのことである。これは録取事項を整理していないことに起因することを理解しておく必要がある。

特に注意しなければならないのは，供述に疑問点がある場合には，その疑問点をそのまま放置するのではなく，捜査官においてその疑問点に気付いていたこと，供述者にその点について問いただしたこと及び疑問点に対する捜査官の心証が供述調書などの捜査記録上から読み取れるようにしておくことが重要である。例えば，犯罪事実に関わる重要な事柄について被害者の述べることと被疑者の述べる内容に食い違いがある場合には詳細な取調べをし，調書も問答式にする。疑問に思われる点について問題意識をもって問いただし，解明しようとしたということが記録上明らかにしておく必要がある。

(3) 相手の立場に立って取調べを行うこと

相手の立場に立って誠意をもって接することが必要である。被疑者にしても参考人にしても相手の人格を傷つけるような言動は厳に慎まなければならない。侮辱的な言動からは決して真の供述は得られないことを肝に銘ずる必要がある。このことは過去の幾多の例の教えるところである。

⑷ 予断・先入観は禁物

　供述者の述べることを謙虚に聞き，予断や先入観を排除することが必要である。真実を解明するのが取調べの目的であり，取調官の見込みや推測を押し付けるのが目的ではない。熱意と粘りをもって取調べに当たることが重要である。人間に本来備わる保身本能等による意識的な虚偽供述の可能性と供述というものに内在する人間の知覚，記憶，表現という作用に伴っておこる供述内容の客観的真実との離齬の可能性を意識して取り調べることが必要である。

　さらに，外国人の取調べに当たっては，通訳人を介しての取調べとなることから，日本語を理解する者に対する場合にも増して，種々の工夫をして無用の不安等を解きほぐすとともに，より綿密に，粘り強く取り調べる姿勢を持つことが肝要である。

3　通訳の要否及び通訳人の選任をめぐる問題など

⑴　通訳の要否

　取調べの対象者が外国人であるからといって，必ず母語（母国語）を用いて取調べを行わなければならないというものではない。日本語を理解する者に対しては，日本語を用いた取調べを行ってもよいことは当然のことである。

　しかし，外国人を日本語で取り調べた場合，後日公判段階において，その者の日本語の理解度等が問題とされ，供述調書の任意性，信用性，あるいは黙秘権等の権利の告知手続の有効性等が争われる場合が多い。

　通訳人を介しての取調べを行うか否かについては，取調べの対象となる外国人の学歴，経歴，日本語の学習歴，日本語能力試験やその他の日本語で受験した試験の成績，日本での滞在期間，日本での職業や日常生活においてどの程度のレベルの日本語が必要とされている環境にあるのか等の生活環境や，当該外国人と実際に日本語でやりとりをした際の理解度等を踏まえて日本語の能力を見極める必要がある。

　その上で，事案の重大性，複雑あるいは否認か否か，取調べに反抗的か等の態度をも考慮し，通訳の要否を慎重に判断する必要がある。また，当初通訳人を介せずに取調べを開始した場合であっても，途中で当

該外国人の日本語の理解度（能力）に疑問が生じた場合等には，速やかに通訳人を付して取調べをやり直す等柔軟に対応すべきである。

母語とは
話者が生活環境の中で自然に身につけた第一言語をいう。
母国語とは
話者が国籍を持つ国で「公用語」又は「国語」とされている言語をいう。

(2) 通訳人の確保

外国人の取調べにおいて，優秀な通訳人の確保が重要であることはいうまでもないところである。

優秀な通訳人かどうかは，語学能力を基本としつつ，我が国の司法制度や社会，文化，慣習等に対する理解の深さや公正さ，使命感，倫理感等のモラルの高さ等のほか，被疑者国の社会，文化，慣習，司法制度等に対する精通度等を基準として判断されるであろう。もちろん，被疑者や被害者等の事件関係者と利害関係を有する者は，公正・中立な通訳を期待できないので，通訳人に選定すべきではない。

4 通訳人を介した取調べに当たっての留意事項（総論）

(1) 一般的留意事項

通訳人を介しての取調べにおいては，取調べの主体はあくまでも取調官であることを十分に認識して取り調べる必要がある。

取調官においては，通訳人にその役割を超えたことを期待したり，通訳人に裁量を与える等して取り調べるようなことがあってはならない。通訳人による取調べと過度な意訳を許容することは厳に慎まなければならず，通訳人を介した取調べにおいては緊張感を保ち，的確に心証を得るためには，取調官は，流れに乗って時系列的によどみなくかつ余裕をもって発問し，発問に対する的確な答えがなければ再度角度を変えて発問し，発問・答え及び通訳中に被疑者等供述人の目を見ること等にも心掛けるべきである。

(2) 通訳人の安全確保

外国人被疑者等の取調べにおいては，通訳人なしでは行い得ないた

め，通訳人の十分な理解と協力を得なければならない。そのためには，通訳人の安全やプライバシーの保護に十分配慮する必要がある。

特に通訳人が外国人の場合，被疑者等事件関係者やその家族，知人等と面識を有するといったことも生じ得るため，通訳人が，後難をおそれて通訳業務に従事したことを秘匿したいと希望することもある。外国人通訳人の感じる不安は，捜査官側の想像以上に強いことを認識する必要がある。

通訳人を介した取調べにおいて，筆者の経験を基に配慮すべき事項を取りまとめると次のとおりである。

① 通訳人は取調べの対象となる外国人から離れた位置に着席させ，取調べ開始時には当該外国人に対し，通訳人は公正・中立な立場で正確に通訳する立場にある者であることを説明し，通訳人の立場が供述人に誤解されたりしないようにすべきである。ただし，席が離れすぎると声が聞こえない場合もあり得るので，その点を十分配慮する必要がある。

② 供述人の前では，通訳人のことは「先生」あるいは「通訳さん」等の呼称で呼び，通訳人の氏名等が明らかになる呼び方は避けるべきである。

また，通訳人の出身地や職業，経歴，家族関係が分かるような会話も避けなければならない。

③ 通訳人の供述調書への署名押印については，供述人を退席させた後に行うべきである。

④ 通訳人が不安を訴える場合には，必要があれば速やかに対応すべきであり，通訳人の考えすぎ等との安易な考えを持たないことが重要である。

(3) 通訳人の果たすべき役割

通訳人には，捜査機関あるいは取調べの対象となる外国人のいずれにも偏って不公平にならないように公正・中立な立場で通訳することが求められる。したがって，通訳人に対しその役割を超えた捜査への協力を求めるべきではないし，通訳人がそのような姿勢を示したとしてもこれを容認すべきではない。例えば，供述人が理不尽な供述をしたり，ふて

第3節 外国人の取調べ・供述調書作成 61

くされた態度を示した場合等に，通訳人が供述人に反発するかのような
態度を取ってしまうこともないわけではないが，このような場合には速
やかに注意すべきである。

　また，通訳人には，取調官と供述人との間のやり取りをそのまま通訳
させるべきであり，通訳人が一部を通訳することなく省略してしまうよ
うなことは黙認すべきではない。供述人が取調官の質問の趣旨を尋ね返
しているのに，通訳人がそれを通訳することなく，通訳人の方で理解し
ている意味・内容をそのまま供述人に説明したり，あるいは供述人が罵
声を上げたり愚痴を述べ始めたりしたときに，これを通訳することを躊
躇してしまう場合もあるので注意が必要である。

　取調べ前に通訳人には，供述人のあらゆる言葉や態度が取調べのヒン
トになるので，質問の趣旨を尋ねてきたり，事件と関係のないことを述
べている場合でも，そのまま通訳するように伝えて注意を喚起しておく
べきである。

　仮に通訳人と供述人との間でやりとりがあったにもかかわらず，通訳
人がこれを通訳しようとしない場合には，これを放置することなく，速
やかに通訳人に通訳するよう求めるべきである。

5　通訳人を介した取調べに当たっての留意事項（各論）

　正確な通訳を実現するためには，適切な通訳人の選任が前提であるが，
取調べに当たり通訳人との事前打合せを適切に励行した上，種々の配慮や
工夫を凝らして取調べを行うことが肝要である。

(1)　通訳人との事前打合せ

　通訳人との事前打合せは，通訳の正確性を確保するのみならず，取調
官と通訳人との意思疎通や信頼関係の醸成，ひいては通訳人の熱意や情
熱を喚起する観点からも重要である。時間的にも内容的にも可能な限り
十分に行わなければならない。また，打合せに当たっては，通訳人は専
門家として位置づけ，敬意を払って接することが肝要である。

　通訳人との事前打合せの際には，取調官側から，正確かつ誠実に通訳
することや守秘義務の存在，供述人が不自然な内容を供述してもそのま
ま通訳すること，通訳人が取調官の発問が聞き取りにくかった場合等は

問い返してよいこと等を説明すると打合せがスムーズに進むものと考えられる。

　もちろん説明の程度は通訳人の経験に応じて濃淡があってもよいが，通訳人と事前打合せを行ったことが，後日，公判において通訳の正確性を立証する一つの手段となることを心にとめておく必要があろう。

　事前打合せ事項をまとめると次のとおりである。

① 被疑事実の内容は事前に理解してもらう必要がある。通訳人によっては，事前に被疑事実の写しを渡してもよいであろう。

② 誤解などを避ける観点から，登場する人物名，地名等の固有名詞について説明しておく必要がある。また，外国の固有名詞については，取調官が通訳人から説明を受けておく必要があることもあり得る。

③ 事案によっては，事件の概要を説明するとともに，取調べの目的やポイント及び取調官の基本姿勢についても説明し理解してもらう必要がある。ただし，通訳人に予断を抱かせることは避けるべきであり，事案の内容については，客観的事実に基づいて説明することを心掛けることが肝要である。否認事件については証拠関係や問題点を説明することが相当な場合もある。

④ 発問の趣旨が分からない場合には，そのままにすることなく遠慮せずに取調官に問い返してよいこと，取調官や供述人が早口すぎる，声が小さく聞き取りにくい等の場合もその旨申し出てほしいこと。

⑤ 必要に応じ，通訳人から，当該外国の法制度，文化・経済状況，国民性，言語の特徴等，取調べに有効と思われる情報を聴取しておくのが望ましい。

⑥ 以後の取調べのため，取調べ終了後，通訳人との間で検討を行うことも必要な場合がある。

　通訳人の中には，聞き返したら通訳能力を疑われるのではないかと心配して問い返さないという者がいないとも限らず，誤解・誤訳防止の観点からもこの点には特に配慮する必要がある。

(2) **取調官の発問**

① 通訳人を介した取調べは一問一答式で行い，逐語通訳によるのが原則である。通訳人が供述人の答えを通訳しているのに，これを遮って

質問を重ねたりすることは厳に慎まなければならない。また，通訳の途中で供述人が供述をしようとした場合は，これを制止して通訳が終わってから供述するよう注意すべきである。

② 声は大きく，言葉ははっきり，ゆっくりと

取調官や供述人の声が小さく，早口で聞き取りにくい取調べは通訳泣かせの取調べと心得る必要がある。

③ 質問は質問らしく

例えば，「あなたの国籍は」と言葉尻を上げて発音することで質問ということは一応理解できると思われるが，「あなたの国籍はどこですか」と問うことでニュアンスが変わり，質問されていることが明確になる。同様に「何々した」ではなく「何々したのか」とすれば質問ということが明確になる。

④ 重要事項に係る供述については，言葉を変えて再確認したり，様々な角度から発問を行って確認するという工夫も必要である。

(3) **通訳人の態度，通訳人と供述人とのやりとりの観察**

取調官は，供述人と通訳人との間の外国語でのやり取りを理解することはできないことが多いものの，通訳の際の通訳人の態度や，供述人と通訳人のやりとり等を観察することで，通訳人が誠実に通訳を行っているかどうか，また供述人との間で円滑なコミュニケーションが取れているかどうかはある程度うかがい知ることができる。どちらかが何度も聞き返したり，困惑した表情を浮かべて黙っていないか等を観察しておくことが，後日，公判において通訳の正確性が争われた場合等に，立証方法の一つの手段となるということを心にとめておく。

(4) **各省庁における外国人の取調べ**

法務省では「通訳人」の不足を補うため，地検の取調室と外部の通訳人をつなぐテレビ会議システムを導入した。通常，通訳が必要になった場合は，各地検が管内の通訳人に電話で依頼するものの，スケジュールが合わず，半日通訳人が見つからないといった状況も多く，そのような状況の改善のため，通訳人リストを全国版とし，管轄を問わず依頼を可能とした。

また，警察庁では，外国人とのコミュニケーションを円滑化する目的

64　第4章　外国人犯罪の一般的捜査事項

で，翻訳機能を備えたスマートフォン等機材の活用や観光地又は空港付近等の外国人対応の機会が多い交番を外国語対応モデル交番とするなど対策を行っている。

これらの仕組みをうまく活用し，取調べに当たっていくことが必要である。

6　通訳を介した供述調書の作成

(1)　供述調書における表現等

通訳人の通訳を介して供述調書を作成する場合には，後になって通訳の正確性等が争われる場合も多いことを踏まえ，その表現等に特に留意する必要がある。

留意事項をまとめると次のようになる。

① 平易簡潔な用語及び表現を用いるように心掛け，難しい用語，長い一文，日本語独特の言い回しは避け，簡潔明快な文章にする必要がある。

② 主語の省略や代名詞の多用は避け，趣旨，主語・述語，時制（過去，現在，未来），数量等の明確な文章にする必要がある。

取調官が取り調べる事件は過去のものであるので，時制に関する表現に注意する必要がある。例えば，「確かに私は本を万引きしています。」といった文章では，現在進行している事実を述べていると誤解されかねない表現であるため，過去の事実については文末を常に「○○しました。」等の過去形にした文章を作成することが肝要である。

③ 重大事件や内心の意思が問題となる事件では，可能な限り要点について，被疑者に当該外国語による上申書を作成させるのが相当である。

④ 重要な部分については，当該外国語の原語を表記する等工夫をするのが相当である。例えば，殺意が問題となる事件において，被疑者が「殺すつもりだった」と供述した場合，外国語の原語のまま片仮名で供述調書に記載して日本語の説明を付し，原供述の形で残しておくなどの工夫をすることも考えられる。

⑤ できるだけ具体的動作・行動を明らかにするよう心掛ける必要がある（これは日本人被疑者についても同様）。

第3節 外国人の取調べ・供述調書作成　65

> **Comment** ◆ 殺意のあり・なし
> ×→持っていた包丁で刺してしまった
> ○→持っていた包丁を被害者の胸を狙って突き刺した
> ◎→長さ○センチくらいの包丁を刃の部分を上に向けて両手で持ち，その包丁を被害者の胸を目掛けて力いっぱい突き刺した
> 凶器の形状，犯行状況等がより明確になるような文章構成が必要であり，その文章を読んで，犯行状況が目に浮かぶ供述調書が完璧である。

⑥　抽象的又は潤色的文章は避け，できるだけ生き生きと事実関係を描写し，特に脅迫や侮辱的言葉等写実的に記載する必要があるものについては，実際の言葉どおりに記載する。

⑦　意味が何通りかに解釈できる文章は避ける。
　ほかの解釈ができないかどうか常に確認しながら文章を作成するように心掛けるべきである。

⑧　文章のトーンを弱める等の理由から技巧的な表現を用いない。
　例えば，「私にも落ち度がなかったわけではありません。」といった二重否定や「被害者を殴ってしまったのです。」等の表現は何を言いたいのか理解できない場合がある。→<u>詰めが甘い</u>

(2)　**問答形式の活用**
　一般に，供述調書中に問答形式を用いる場合には，重要部分の供述で，問答形式でも録取して繰り返し再確認するいわゆる「駄目押し」の場合や，否認している供述人について，弁解の内容を明確にし，問答による追及の過程を示して弁解の不自然さを浮き彫りにする場合等がある。また，幼児の取調べ等において，暗示や誘導等がなされていないことを示すために，取調べ時の問答のまま問答形式で調書に録取する場合がある。

通訳人を介した外国人の取調べにおいても，重要部分の供述について，後に「通訳されていなかった」「誤訳や不十分な通訳であったため正確に理解していなかった」等の弁解が出ることを封じ込めるため問答形式を積極的に活用すべきである。取調べ時になされた問答のまま問答形式で調書に録取していれば，取調官が平易で明快な文章で発問し，供述人が発問の意味を正しく理解して答えていることが明らかとなり，通訳の正確性の立証に資することにもなる。

さらに，供述人の答えがその外国語に特徴的な言い回しの場合には，当該外国語の原語を表記することで，供述全体の信用性を高めることが可能となる場合もあろう。

問答形式を取り入れるときは，発問はできるだけ簡略になるよう心掛け，発問を長くして答えを単に「そうです。」又は「そのとおりです。」と記載するのは好ましくない。また，取調官の発問要旨を供述人又は関係人の供述の中に織り込んで記載することも好ましくない。

(3) 供述調書の読み聞かせ等

供述調書の読み聞かせをめぐっては，供述人が外国人の場合，公判等において，「供述調書が裁判の証拠になるとは知らなかった。」等の弁解がなされるケースも予想される。そのため，取調べから供述調書を作成する段階で，供述人に対し「今まであなたから聞いた内容をこれから供述調書にまとめます。」等と話し，「いきなり取調官が勝手に話し出し，紙に印刷された。」等との主張を防ぐ必要がある。

供述調書の読み聞かせ段階においては，供述人に対し，

① 内容を確認して署名等をした供述調書は，裁判で用いられ証拠となる場合があること

② 重要な書面であるので，通訳が分からなければ聞き返すなどして内容をよく確認してもらいたいこと

③ 自分の記憶と違っている箇所があれば訂正を求めることができること

④ 署名等を拒否することができること

等を丁寧に説明して理解させる必要がある。

読み聞かせの方法については，供述人が外国人であっても，まず取調

官が供述調書を日本語で読み上げ，その後通訳人が通訳するという形が望ましい。なお，取調官が全文を日本語で読み聞かせた上で通訳人が通訳するのか，取調官が一文を読み上げるごとに通訳人が通訳していくのかについては，事前に通訳人と打ち合わせておく必要がある。

供述調書の読み聞かせに際しては，供述調書が後日差し替えられたとの弁解や一部読み聞かせがされなかった箇所がある等の弁解を封じるため，供述人に調書各葉を確認させた上で各葉の欄外に押印等を求める扱いとなっているが，供述人が外国人の場合，供述調書の一部を通訳されなかったとの弁解を効果的に封じることはできない。

そこで，通訳人の安全との兼ね合いを考慮し，事情が許せば，供述人の面前に供述調書を置き，通訳人が供述調書の通訳部分を指でなぞりながら通訳して，それを供述人に確認させる方法が最も望ましい。なぜならば，読み聞かせ部分を指でなぞっていく方法では，通訳人が供述調書のどこに記載されている日本語を通訳しているのかが分かり，供述人においても相槌を打つ等調書の内容を十分に理解でき，最後に調書に記載されている日本語が漏れなく通訳されたと確認できるからである。

7 取調べの録音・録画への対応等

外国人を被疑者とする裁判員裁判対象事件においては，通訳人の通訳を介して録取した当該被疑者の供述調書の任意性や信用性立証のため，取調べの録音・録画を実施している。

この録音・録画は，供述調書の任意性や信用性立証のための有効な手段であり，通訳の正確性等に関する無用な争点を回避するためにも重要であるが，通訳人の声等が録音・録画され，公開の法廷で流されたり記録として残るので，通訳人によっては不安を抱く者もおり，それまで以上に通訳人のプライバシーの保護に配慮するなどして通訳人の十分な理解と協力を得る必要がある。だからといって，通訳人が被疑者から離れすぎると被疑者の供述を聞き取りにくくなってしまうことがあるため注意する。

68 第4章 外国人犯罪の一般的捜査事項

8 否認する外国人被疑者への対応

(1) 徹底した客観的証拠の収集

　外国人被疑者は，捜査段階で被疑事実を否認する者が多いと思われがちであるが，実際には逮捕当初否認していても，捜査の途中において自白に転じる者も多く，また捜査段階で否認していても公判段階で事実を認める者もいる。

　逮捕当初は被疑事実を否認していた外国人被疑者も，犯行を立証する証拠が揃っており，否認しても通らないことを悟ったときには自白に転じるが，全面的に自白するわけではなく，証拠が揃っている限度において自白する傾向があると思われる。したがって，捜査段階で徹底した客観的証拠の収集を行う必要がある。

(2) 外国人被疑者特有の否認理由

　外国人被疑者の中には，客観的証拠が揃っているにもかかわらず，なおも頑なに否認を続ける者もいる。

　外国人被疑者の主な否認理由は，次のとおりである。

① 我が国の刑事制度や手続についての無知・誤解ないし自国の法制度との違い等

　【対処方法】 我が国の刑事制度等について，平易に繰り返して説明する。

　【留意点】 **説明における食い違いやニュアンスの違い等が誤解を増幅させる結果となることが考えられるし，利害誘導や強要等の主張につながることもあり得るので客観的に説明する。**

　　　　　　 取調官が，外国人被疑者の不安や誤解，思い込みを強めるような発言をとらない。

② 言葉の障害による居直りやあきらめ

　【対処方法】 有能な通訳人を選任し，粘り強い取調べを行う。

　　　　　　 取調べに当たっては，通訳人と事前打合せを入念に行う必要がある。文化の違いなどからの否認理由が判明する場合もあり得る。

③ 否認してもばれない，否認したら起訴されないなど否認得があるとの感覚

　【対処方法】 我が国の刑事制度，その運用の実態からして否認得はあり得ないことを説明する。

④ 退去強制への不安

在留資格を有する者について，時として否認理由となる場合がある。

【対処方法】 退去強制の可能性は不可避であって，特段の方策はない。
被疑者に対し，退去強制の可能性は不可避であることを自覚させる。

⑤ 報復への不安

関係する犯罪組織や共犯者等からの報復があり得，被疑者のみならず自国の家族にも及ぶことが考えられる場合がある。

【対処方法】 報復が考えられないような場合には，そのことを説明する。
報復が考えられる場合には，これに立ち向かうべきことをもって説得する。

⑥ 本国における処罰ないし重罰

外国人被疑者の中には，日本の捜査機関に話したこと全てが本国に通報されると誤解している者もいる。

【対処方法】 我が国の捜査機関から被疑者の本国に犯罪事実や供述内容を一般的に通報する制度はないこと，ただし，相手国から要請を受け，証拠や情報を提供することはあり得ることを説明する。
→捜査官（取調官）は，問題をいたずらに回避するのではなく，その可能性があることを自覚させる姿勢で取り調べることが肝要である。

⑦ 関係者との通謀・口裏合わせ

【対処方法】 あらかじめ通謀・口裏合わせがなされている場合だけでなく，外国人の場合には会話のチェックが難しいこと等から，通謀や口裏合わせが捜査開始後にもなされやすいことを留意し，分散留置するなどその対策をとる必要がある。

⑧ 弁護人の示唆及び助言

逮捕された外国人被疑者は，言葉の問題も含めて孤立無援な心境に陥りやすいことから，日本人被疑者の場合にもまして弁護人の示唆や助言を無批判に受け入れ，あるいは都合よく解釈し，否認することも多い。

【対処方法】 被疑者に，真実を供述するか否かは弁護人ではなく自分自身で判断すべきことであり，責任も自らが負うべきことを説明する。

【留意点】 弁護人との接見状況について立ち入って聞くべきではない。

70　第4章　外国人犯罪の一般的捜査事項

⑨　犯意，知情性，共謀等の否認及び法律の不知の弁解

　　外国人被疑者の場合，犯意，知情性及び共謀等の内心的事実について否認し，あるいは法律の不知を主張することが多い。

【対処方法】　外国人による組織的犯罪については，関係被疑者が組織の報復を恐れること等から，自白特に共犯者や組織の全容についての供述獲得は困難で，情況証拠による立証をせざるを得ない事案が多い。捜査官としては，客観的証拠の収集に軸足を置いて捜査を進めるとともに，自白の獲得を断念することがあってはならない。

【留意点】　取調べにおいて，自白の任意性に疑いを生じさせかねない言動を慎み，その口実を与えかねない言動を避けるべきである。

第4節　その他の留意事項（証拠品の取扱い）

　来日外国人から押収した証拠品については，公判に提出する予定のないものは公判請求前に還付し，押収を継続する必要性のあるもので価値のないものについては所有権放棄書を徴しておくよう心掛ける必要があることは，被疑者・被告人が日本人である場合も同様である。

　特に，被疑者・被告人が来日外国人で，当該外国人から証拠品を押収した場合は，当該外国人が帰国（退去強制を含む。）する前に，還付手続等の証拠品の処分を済ませておく必要がある。これを放置したままにしておくと，当該外国人が帰国してしまったら，法務省刑事局，外務省などに依頼して，外交ルートを通じて証拠品の処分を行わざるを得ない事態に発展するので留意する必要がある。過去には，任意提出を受けていたもので「紙片1枚」があったが，これに対して捜査段階あるいは公判段階，入管収容施設に収容する段階で当該外国人に確認し，所有権放棄書を徴する機会は存したにもかかわらずその手続をしなかったばかりに，外交ルートを通じて所有権放棄書を徴した事例もあった。

第5章
国外における捜査

第❶節　国外における捜査の必要性

　国際化の発展に伴い，来日外国人による犯罪は増加傾向にあり，かつ，悪質・巧妙化してきている。そのため日本社会の治安は悪化し，おろそかにできない深刻な問題となっている。来日外国人による犯罪は，日本の暴力団と連携した組織的な犯罪も多く，日本国内で犯罪を敢行した外国人の中には処罰を免れるため，国外に逃亡するケースも増加している。また，法務省の発表によれば令和2年6月末現在で，実刑判決が確定した後に，拘禁刑を免れるために逃げている者（とん刑者）は，全国で41人に達しているとしている。

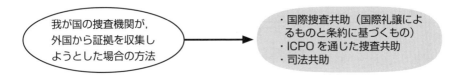

第❷節　証拠収集の具体的方法

1　国際捜査共助
(1)　国際捜査共助の概要

　国際捜査共助とは，我が国と相手国との条約の定め，あるいは国際礼譲に基づいて捜査に関する協力を求めるものである。現在我が国は，米国，韓国，中国，香港，ロシア，EU，ベトナムとの間で刑事に関する共助に関する条約（協定）を締結しており，これらの国との間では条約の定めに基づき，証言・供述・物の取得，人・物・場所の見分，犯罪収益等の没収・保全等各種の協力を求めることができるが，条約（協定）を締結していない上記国以外の国に対しては，国際礼譲に基づき捜査に関する協力を依頼することになる。

　日本の刑法，刑訴法は，犯罪を犯す人間が日本人であろうと外国人であろうと関わりなく，日本の主権が及ぶ範囲（領域）での犯罪に対しては，これを捜査し，裁判を行い，処罰するという属地主義をとっている（刑法1条）。

　外国人が，日本国内で犯罪を敢行し外国に逃亡したとしても日本の刑法が適用されることはいうまでもないが，この場合，ただ単に日本の刑法が適用されるというだけであり，問題はその犯人を処罰できなければ何の意味も持たないということである。処罰するためには，外国に逃亡した犯人の引渡しを受けるか，逃亡先の国によって処罰してもらわなければならない。このように，国外に逃亡した犯罪者を逮捕するため，外国に協力を要請する必要がある場合もあるので，国際捜査共助というものがある。

　我が国の刑事事件における外国との協力に関する法律としては，国際捜査共助等に関する法律，逃亡犯罪人引渡法，外国裁判所ノ嘱託ニ因ル

共助法，国際的な協力の下に規制薬物に係る不正行為を助長する行為等の防止を図るための麻薬及び向精神薬取締法等の特例等に関する法律（いわゆる「麻薬特例法」）等がある。

この種の協力は国際礼譲に基づいて行われるものであり，その根底には国家間で相互に同様の協力を行うという相互主義が存しており，我が国においても前述したような各法律に基づいて外国からの共助要請を実施できることから，外国に対しても相互主義を保証して同様の要請を行うことができることになる。

国際捜査共助等に関する法律は，我が国と相手国との間で捜査共助条約がない場合でも，我が国が将来同種の要請を行った場合に相手国がこれに応じる旨の保証，すなわち相互主義の保証があれば，我が国は相手国からの要請に対し共助を実施することを認めている。

(2) **捜査共助の要件**

国際捜査共助等に関する法律では，

① 共助要請が政治犯罪に関するものである場合

② 共助要請に係る犯罪が，我が国では犯罪化されていない場合（双罰性）

には，共助要請に応じることを拒否しており，また，

③ 共助要請の内容が，証人尋問，証拠物の提供であるときは，それが捜査に欠くことのできないものであることを書面により明らかにすること

が求められている（国際捜査共助等に関する法律2条）。

(3) **捜査共助の手続**

捜査共助要請は，外交ルートを通じて行われるのが原則である。

検察庁からの要請を例に挙げると，捜査を行っている検察庁の検事正が，相手国の司法当局宛の捜査共助要請書を作成し，口上書と呼ばれる外交文書とともに法務省に提出すると，外務省，在外日本国大使館を経て相手国にわたる。

捜査共助要請書は，相手国の関係法令の規定に沿うように記載する必要があるが，一般的には，

① 事案の概要，被疑者・被告人の人定事項及び共助要請の対象と

なっている犯罪事実の概要

②　罪名・罰条及び当該罰条の規定内容

③　捜査等の状況及び捜査共助の必要性

④　共助要請事項

⑤　検察官等が当該外国に赴いて証拠の収集に立ち会うことを求める場合はその旨

⑥　その他必要事項

とされており，また，証人尋問や関係者の取調べを求める場合には，質問事項書が必要とされている。

　この中で特に留意すべき事項は，②の罪名・罰条及び当該罰条の規定内容である。その理由は，相手国に双罰性を検討する必要があるからである。

Comment　「国際捜査共助等に関する法律」は，平成16年に「国際捜査共助法」が題名改正されたものである。

　「共助」については，外国の要請により当該外国の刑事事件の捜査に必要な証拠の提供（受刑者証人移送を含む。）をすることと定義されている（国際捜査共助等に関する法律1条1号）。旧法では，双罰性がない場合は絶対に共助することができないとされていたが，法改正により，条約に別段の定めがある場合には，共助をすることができるとされた（同法2条）。

(4)　刑事に関する共助に関する二国間条約（協定）

　現在我が国は，米国，韓国，中国，香港，ロシア，EU，ベトナムとの間で刑事に関する共助に関する二国間条約（協定）を締結している。これらの刑事に関する共助に関する条約（協定）は，相互に共助の実施を義務付けるほか，共助の要請，受理を行う「中央当局」を指定し，外交ルートを経由することなく中央当局間で要請を行うものとすることで，捜査共助等の迅速化，効率化を図るものである。

2　ICPO を介した情報，資料の収集

　国際刑事警察機構（ICPO）は，各国の警察機関を構成員とした国際的な組織で，犯罪捜査に必要な情報及び資料の迅速な交換をはじめとして，

刑事警察間の国際協力及び犯罪の予防・鎮圧のための制度の確立を目的としたもので，2024年3月末現在で196の国・地域が加盟している。

ICPOの国際手配制度に基づき，加盟各国の警察機関に対して，逃亡犯罪人の身柄拘束（いわゆる「赤手配」），所在発見・人定事項や犯歴等の情報提供，行方不明者・身元不明死体の情報提供の協力（いわゆる「青手配」）を求めることができる。

ただし，我が国は，ICPOの国際手配制度に基づく逃亡犯罪人の身柄拘束を認めていないため，相互主義の観点から，我が国からの赤手配も原則として行っていない。そのため身柄拘束をするには，犯罪人引渡請求に基づく拘禁，あるいは，後に犯罪人引渡請求を行うことを前提とした仮拘禁請求が必要となる。

また，証拠の収集に関して国際捜査共助等に関する法律では，国際刑事警察機構（ICPO）から捜査の協力を受けた場合は，我が国の警察あるいは協力要請を受けた国の機関は，関係者の所在調査，関係者への質問，実況見分，証拠書類・物の所有者に対する提示依頼，公私の団体等に対する照会を行うことができると定めているが（同法18条），証人尋問，証拠物の提供，捜索・検証等の強制権限を用いた捜査は行うことができないとされている。

したがって，我が国の警察庁からICPOを通じて外国の警察機関に対しても，前記の限度で協力要請をすることができ，また，外務大臣を経由せず，警察庁とICPO及び加盟各国の警察機関とで協力要請，結果の授受を行うことになる。

このようにICPOに対する協力は，外交ルートによる捜査共助とは異なり，証拠を提供するものではなく調査の結果得られた情報，資料を提供することを内容としており，しかも調査に当たっては任意処分のみが認められているにすぎない。その一方でICPOによる協力は，捜査共助と比較すると比較的迅速に情報，資料を入手できるというメリットがあり，情報，資料の入手で，ある程度の捜査目的を達成できる場合には，積極的に利用すべきであると考える。

ICPOに対する協力の場合であっても共助における制限事由のうち，非政治犯性及び双罰性は協力実施のための要件とされている。

3 その他の証拠収集

裁判段階における国際協力の仕組みとして，司法共助，証人尋問のための受刑者移送等がある。

(1) 司法共助

司法共助とは，裁判関係書類の送達，証人尋問等の証拠調べについて，外国の裁判所や外国に駐在する自国の領事等に嘱託する制度である。

司法共助は，相互主義の保証の下に，民事及び刑事の訴訟事件に関する書類の送達及び証拠調べについて，法律上補助をすることができると定められており，裁判所が主体となる点，刑事事件のみならず民事事件についても協力の対象となる点等が国際捜査共助等に関する法律による共助と異なっている。

(2) 証人尋問のための受刑者移送

受刑者証人移送とは，刑事手続における証人尋問に証人として出頭させることを可能にするため，日本において刑の執行として拘禁されている者を外国に移送する国内受刑者に係る受刑者証人移送と，外国において刑の執行として拘禁されている者を当該国から日本に移送を受ける外国受刑者に係る受刑者証人移送を可能にする制度である。

受刑者証人移送が認められるのは，刑事手続における証人尋問に証人として出頭させることを可能にする場合に限定され，捜査段階における取調べのために移送することは許されない。

さらに移送の要件として，国内受刑者を移送することは本来の拘禁目的の範囲を超えるものであるため，国内受刑者の意思に反して移送することは妥当ではないとする考えから，移送について国内受刑者本人から同意を得ることが要件とされている。また，移送期間は30日を超えてはならない旨規定されている（国際捜査共助等に関する法律19条1項）が，その趣旨は，国内受刑者は本来は日本で拘禁するものであって，無限定に引き渡したままにするべきではなく，移送の目的を果たした後は速やかにその返還を受けるのが相当であり，30日間の日数があれば，外国での証人尋問を終え，帰国するのに十分な期間であると考えられたことによるものである。

第3節　犯罪人の引渡し　　77

同様に，外国受刑者に係る受刑者証人移送についても30日以上の期間
は認めないこととされている（同法24条１項）。また，外国からの国内
受刑者についての受刑者証人移送の要請は，法務大臣が受理することと
されており（同法19条１項），その要請の条約適合性，非政治犯性，双
罰性等（条約に別段の定めがある場合は除く。）の審査を行い，相当性
の判断を行った上で受刑者証人移送を決定することとなる。

　証人尋問のための受刑者移送については，刑事に関する共助に関する
二国間条約（日・米刑事共助条約15条，日・中刑事共助条約14条，日・
韓刑事共助条約14条）のほか，テロリストによる爆弾使用の防止に関す
る国際条約（同条約13条）等がその根拠となる。

第 **3** 節　犯罪人の引渡し

　被疑者，被告人又はとん刑者が外国にいる場合，これらの引渡しをその
国に求めなければならない場合があり，また，我が国が外国から同様の要
請を受けることもある。

　我が国は，逃亡犯罪人引渡法により犯罪人引渡条約の存在を前提とせず
に，相手国の相互主義の保証を前提としてこれに応じることができるとさ
れている（逃亡犯罪人引渡法２条）。

　外国にいる犯罪人の身柄を我が国が確保するには，本人が自ら帰国又は
再入国した際に逮捕する以外に，

　　○　犯罪人引渡手続により，当該政府（犯罪人が所在する国）に身柄の
　　　　確保・引渡しを求める方法

　　○　当該犯罪人が日本人である場合には，当該政府（犯罪人が所在する
　　　　国）の国外退去処分を利用する方法

が用いられている。

(1)　犯罪人引渡しに関する諸原則

　国際的な犯罪人の引渡しに関しては次のような諸原則が確立され，我
が国の逃亡犯罪人引渡法等の国内法や多くの二国間条約等に取り入れら
れている。

　①　相互主義

将来相手国が，自国からの同様の請求に応じるであろうことが保証
される場合に限り，引渡請求に応じる。
② 双方可罰主義
対象となる犯罪行為が双方の国で可罰的であることが必要であり，
双罰性には，抽象的可罰性と具体的可罰性とがある。
ア 抽象的可罰性
「抽象的可罰性」とは，引渡請求に係る行為類型が，双方の国で
犯罪化されていることをいう。
イ 具体的可罰性
「具体的可罰性」とは，当該事例が，双方の国で処罰可能である
ことをいう。
違法性阻却事由，責任阻却事由，処罰阻却事由，時効・恩赦・既
判力による公訴権の消滅，親告罪の告訴の欠如などの事情の不存
在，対象事犯が国外犯の場合は被請求国でも国外犯処罰規定を設け
ていることなどがある。
③ 自国民不引渡しの原則
自国民の引渡請求には応じない。ただし，英米法系の国の多くは，
この原則を採用しておらず，引渡しに当たって自国民であるか否かを
問わないとされている国もある。その理由として，刑法の適用につい
て属地主義を採用しており，引渡しを否定すれば自国民の国外犯を処
罰できないからであるとされている。
④ 政治犯不引渡しの原則
政治犯罪を理由とする引渡請求，政治犯処罰を意図した引渡請求に
は応じない。
政治犯不引渡しの原則は，外国における政治的争いに巻き込まれな
いためのものであるが，殺人その他のテロ行為については，政治的動
機で犯されたとしても政治犯としない傾向にあるようである。
⑤ 差別条項
人種，宗教，政治的意見等を理由とする訴迫，迫害のおそれがある
場合には引渡請求には応じない。
⑥ 特定主義

引渡理由となった犯罪以外の犯罪で拘禁・訴追・処罰してはならない。

(2) 逃亡犯罪人引渡法の制限事由

逃亡犯罪人引渡法第2条で，逃亡犯罪人を引き渡してはならないとする制限事由を規定している。

① 引渡犯罪が政治犯罪であるとき（政治犯不引渡しの原則）。

② 引渡しの請求が，逃亡犯罪人の犯した政治犯罪について審判し，又は刑罰を執行する目的でなされたものと認められるとき。

③ 引渡犯罪が請求国の法令により死刑又は無期若しくは長期3年以上の拘禁刑にあたるものでないとき。

④ 引渡犯罪に係る行為が日本国内において行われたとした場合において，当該行為が日本国の法令により死刑又は無期若しくは長期3年以上の拘禁刑に処すべき罪にあたるものでないとき。

⑤ 引渡犯罪に係る行為が日本国内において行われ，又は引渡犯罪に係る裁判が日本国の裁判所において行われたとした場合において，日本国の法令により逃亡犯罪人に刑罰を科し，又はこれを執行することができないと認められるとき。

⑥ 引渡犯罪について請求国の有罪の裁判がある場合を除き，逃亡犯罪人がその引渡犯罪に係る行為を行ったことを疑うに足りる相当な理由がないとき。

⑦ 引渡犯罪に係る事件が日本国の裁判所に係属するとき，又はその事件について日本国の裁判所において確定判決を経たとき。

⑧ 逃亡犯罪人の犯した引渡犯罪以外の罪に係る事件が日本国の裁判所に係属するとき，又はその事件について逃亡犯罪人が日本国の裁判所において刑に処せられ，その執行を終わらず，若しくは執行を受けないこととなっていないとき。

⑨ 逃亡犯罪人が日本国民であるとき（自国民不引渡しの原則）。

ただし，③，④，⑧，⑨に該当する場合においては，引渡条約に別段の定めがある場合は，この限りでないと規定されている。

(3) 引渡手続の概要

① 引渡請求から引渡しまでの流れ

ア　外国政府から文書による引渡請求が我が国の外務大臣になされ，外務大臣はこれを法務大臣に送付する（逃亡犯罪人引渡法3条）。

↓

イ　法務大臣は，東京高裁への審査請求（引渡しの可否）を東京高検検事長に命令し（同法4条），東京高検検事長は，犯罪人の身柄を拘束した上，東京高裁への審査請求を行う（同法5条，8条）。

↓

ウ　東京高裁は，速やかに審査を開始・決定する（同法9条，10条）。（この決定に対しては，不服申立てはできない＝最決平2.4.24判時1346・3）

↓

エ　判決後，法務大臣は，東京高検検事長に引渡状により，犯罪人の引渡しを命令する（同法14条，16条）。

↓

オ　東京高検検事長は，犯罪人を拘禁している刑事施設の長に引渡しを命令する（同法17条）。

② 引渡請求に先立つ仮拘禁

緊急の場合，正式な犯罪人引渡請求に先立ち，

　　ア　当該犯罪につき逮捕状の発付あるいは刑の言渡しがなされていることの通知がある

　　イ　引渡請求を将来行うことの保証がなされている

ことを要件として仮拘禁を行うことができる。

　法務大臣は，外務大臣を経由して仮拘禁請求書面を受け取り，仮拘禁を相当と認めるときは，東京高検検事長に，東京高裁裁判官の発する許可状により仮拘禁を命じる。そして，仮拘禁後，2か月以内に引渡請求があった旨の告知がなされない場合は，拘禁の効力は失われる（逃亡犯罪人引渡法23条ないし25条，30条）。

(4) 引渡しの要件

引渡しが行われるには，

① 二国間条約又は相互主義の保証があること

② 逃亡犯罪人引渡法第2条の事由の不存在，条約がある場合は，条

約の定める要件・手続に該当していること

③　法務大臣が引渡しを相当と認めること（引渡しを義務付ける条約
　がある場合は，法務大臣の裁量の余地はない。）

等の要件が必要であるが，これ以外に，引渡拒否事由に関して，

　　<u>絶対的拒否事由</u>として

　○　人種，宗教，国籍，民族的出身，性，政治的意見等を理由に訴
　　追・処罰され，又は地位を害されるおそれがあると認めるに足りる
　　十分な理由がある場合（日・韓犯罪人引渡条約3条）

　　<u>裁量的拒否事由</u>として

　○　当該犯罪が，被請求国の領域内で行われた場合（日・韓犯罪人引
　　渡条約4条）

　○　当該犯罪につき，第三国で無罪又は刑執行済みの場合（日・米犯
　　罪人引渡条約3条，日・韓刑事共助条約4条）

　○　犯罪人の健康状態に照らし，引渡しが人道上の考慮に反すると認
　　める場合（日・韓犯罪人引渡条約4条）

　○　当該犯罪につき，当該犯罪人を訴追しないこと又は訴追を取消す
　　ことを被請求国が認めた場合（日・韓犯罪人引渡条約4条）

等が定められている。

(5)　**引渡し後の取扱いの制限**

　　犯罪人引渡手続により身柄を受け取った場合，請求国は，引渡手続の
理由となった犯罪以外の犯罪により，当該犯罪人を身柄拘束・訴追・処
罰することはできない。したがって，引渡請求を行う際には，将来的な
処分についても綿密な検討を行う必要がある。

(6)　**国外退去**

　　犯罪人が日本人である場合に，引渡国が，その国内にいる犯罪人を国
外退去処分とし，我が国に向かう飛行機に搭乗させるなどして，事実上
犯罪人の身柄を引き渡す方法もある。これは事実上の手段であるので，
あくまでも各国の出入国管理行政上の措置であり，相手国の退去強制事
由に該当する場合でなければならないのはもちろんのことである。相手
国当局の独自の判断と手続によって退去強制措置がとられる場合に，そ
の結果を利用するという限度においてのみこのような方法がとられるとい

うことになる。

　国外退去処分から我が国の領域に入って逮捕状執行可能となるまで時間的間隔があり，この間は法的には身柄は解放された状態であるため，犯罪人が帰国を拒むなどした場合の対処が問題となるであろうし，逮捕状執行前から事実上の身柄拘束状態にあったとして，逮捕の違法性を主張される場合もしばしばあり得る。

第4節　外国における我が国捜査官の捜査活動

1　外国における捜査活動

　我が国の刑訴法上，外国の領土内において，我が国の捜査官が捜査活動を行い得るか，特に直接取調べを行うことができるかについて，ラストボロフ事件（東京地判昭36.5.13下刑集3・5＝6・469）では，裁判所は，「我が国の刑訴法は，原則として我が国の領土内においてのみ適用されるが，外国の承認を得れば，その承認された範囲内において，我が国の刑訴法の規定に準拠して捜査を行うことができる。」旨判示している。

　捜査の実行はその国の主権の行使の発現であり，外国において捜査を実行することはその国の主権を侵すと考えられており，国際法上，外国の領土内における捜査活動は，当該国の承諾を事前に得ることが必要とされている。

　現在のところ，我が国が外国捜査官の活動を認めていない以上，仮に相手国がこれを許したとしても相互主義の観点から我が国の捜査官が相手国の領土内で捜査活動を行うことは差し控える必要があると思われる。

2　船舶上における捜査活動

　我が国の捜査官が捜査活動を行うのは，原則として我が国の領土内に限られるが，船舶上では別個の考慮が必要とされている。

　日本船舶においては，公海上にある場合，船舶は，公海においてその国すなわち旗国（船舶や航空機が所属するとして登録している国＝広辞苑参照）の排他的管轄権に服するものとされているので，我が国の捜査官は，日本船舶内において強制処分を含む捜査活動を行うことができると解され

ている（公海に関する条約6条1項）。

また，日本船舶が外国の領海上にある場合は，一般に，商船又は商業目的のために運行する政府船舶については，無害通航権が認められ，

① 犯罪の結果が沿岸国に及ぶ場合

② 犯罪が沿岸国の平和又は領海の秩序を乱す性質のものである場合

③ 当該船舶の船長又は当該船舶の旗国の領事が沿岸国の当局に対して援助を要請した場合

④ 麻薬の不法な取引を抑止するために必要である場合

を除き，領海を通航している外国船舶内において，沿岸国の刑事裁判権はその通航中に当該船舶内で行われた犯罪に関連して，いずれかの者を逮捕し，又は捜査を行うために行使してはならないとされている（領海及び接続水域に関する条約19条1項）。したがって，日本船舶が外国の領海上にある場合，犯罪の結果が沿岸国に及ばないとき等については，原則として我が国の捜査官が日本船舶上において捜査を行い得ることとなる。

第5節　即決裁判

1　手続の概要

即決裁判手続は，平成16年の刑訴法改正に盛り込まれ，平成18年10月2日から導入されている。

同手続は，争いのない明白・軽微な事案について，迅速に審理・判決を行うもので，拘禁刑を科す場合は必ず執行猶予を付さなければならない。その反面，判決で認定された犯罪事実に不服があっても，それを理由に控訴することはできないという制度である（刑訴法350条の16，350条の29，403条の2）。なお，訴訟手続の法令違反，量刑不当等を理由とする控訴は可能である。

即決裁判は，原則として起訴から14日以内に第1回公判期日が開かれ，通常よりも簡略な方法で証拠調べが行われた上，その日のうちに判決がなされることから，被告人にとっては刑事裁判手続から早期に解放されるというメリットがある（同法350条の21，350条の28）。

2 対象事件

　即決裁判の対象となるのは，事案が明白・軽微で証拠調べが速やかに終わると見込まれるものであり，死刑，無期又は短期1年以上の拘禁刑に当たる事件は対象とならない（刑訴法350条の16第1項）。

＜即決裁判に不向きな事案＞

○　即日判決が適当でない複雑な事案

○　余罪がある場合

○　被害者のある犯罪（刑事訴訟手続への参加・被害者の意見陳述等の制度がある）

　即決裁判手続が適用される事件として，不法残留事件等の入管法違反，薬物の単純な所持・使用事件等がその典型例であり，検察庁によって件数の差異はあろうが，外国人犯罪捜査に携わる者にとって，即決裁判手続に関する理解は必要不可欠であると思われる。

3 即決裁判手続

　即決裁判手続の申立ては，検察官が起訴と同時に行わなければならない（刑訴法350条の16第1項）。申立てに当たっては，被疑者が即決裁判に同意していること，弁護人がある場合には被疑者の同意に加えて弁護人の同意又は意見留保が必要であり，同意・意見留保の書面を添付して申立てを行う必要がある（同条2項，4項ないし6項）。

　起訴時に弁護人がなかった場合は，裁判長は，速やかに弁護人を付し，また，起訴後に選任された弁護人，意見を留保している弁護人に対し，即決裁判手続によることについて同意をするかどうかの確認を求める必要がある（同法350条の18，350条の20第1項）。

　第1回公判において，被告人が起訴された犯罪事実について有罪である旨を陳述したときは，裁判所は，被告人・弁護人が即決裁判に同意しない場合，同意を撤回した場合，即決裁判手続によることが不相当であると判断した場合を除いて，即決裁判手続によって審判する旨の決定をしなければならない（同法350条の22）。

　ただし，判決宣告前に被告人・弁護人が即決裁判手続の同意を撤回した場合や即決裁判手続によることが不相当であると裁判所が判断した場合

は，即決裁判手続の決定は取り消され，通常の手続による審理に移行することとなる（同法350条の25第1項）。

4　その他

即決裁判手続が選択される場合，証拠収集・立証の省力化が図られるほか，極めて早期に被告人が釈放されることになるため，警察等第一次捜査機関にとっても，検察官が即決裁判手続を選択するか否かによる影響は少なくない。

したがって，即決裁判手続が予想される類型の事案については，処理方針や余罪の有無等について検察官と連絡を密にする必要がある。また，即決裁判手続の申立てを行う場合等，弁護人の選任の有無を把握することは極めて重要であり，この点についても検察官は警察等の捜査担当者，留置担当者との連絡を怠らないことが必要である。被告人が退去強制事由に該当する者であるときは，出入国在留管理庁とも連絡を密にする必要があることはいうまでもないところである。

第6節　外国人の氏名表記方法

外国人の氏名表記方法については，実務上概ね次の要領によって行っている。

1　氏名の順序

基本的には，本国で用いられている姓・名の順序とする。一般に欧米人であれば，名（First name, Given name）・姓（Family name, Surname）の順序であり，ミドルネームが間に入ることもある。中国等漢字使用圏では，姓・名の順序となる。

本国で使用されている氏名の確認方法として，出生証明書等自国から取り寄せた身上書類や旅券に記載されている表記・順序を確認することが一般的であり，通訳人や被疑者本人に通常使用する氏名の順序を確認することが重要である。

86 第5章 国外における捜査

2 表記方法

原則としてカタカナで表記し，中国等の漢字使用圏出身者については，漢字名とカタカナを連記する。

氏名の読み方については，警察段階，検察段階あるいは，捜査官の間で同一人物の氏名の読み方が異なる場合もあるので，通訳人や被疑者本人に確認して統一を図るべきである。自称だけで本名を特定する等の証拠に乏しい場合には，写真を添付する必要がある。

(1) 具体例

①	通常の場合	崔 明淑 こと チェ ミョンスク
②	こと名がある場合	金田 明淑 こと 崔 明淑 こと チェ ミョンスク
③	自称の場合	自称 崔 明淑 こと チェ ミョンスク（別添写真の女）

(2) 中国人の漢字記載方法

簡体字（繁体字）は，日本語の漢字に置き換える。ただし，簡体字（繁体字）でも日本語の漢字がある場合は，そのまま使用しても差し支えない（例えば「國」と「国」）。

(3) その他

基本的には出生証明書等の人定資料記載のとおりとするが，ミャンマー人については，氏名の最初に敬称（若い男性に対する「マウン」，中年男性に対する「コ」，年長男性に対する「ウー」，若い女性及び中年女性に対する「マ」，年長女性に対する「ドー」）がつくことが多いので，それが敬称と判明している場合には，それを除外する。

例 「マウン アウン モー」 → 「アウン モー」

　　「マ ラ トェ」　　　　 → 「ラ トェ」

また，発音の違いがあるので，通訳人や被疑者に発音を確認して人名表記をする。

例 「李」 →中国語「リ」 →韓国語「イ」

第2編

各　論

1 旅券不携帯の罪

想定事例

　T警察署のM巡査、Y巡査部長が警ら勤務に従事していた令和○年○月○日午後11時50分頃、無灯火で走行してくる自転車を認め、呼び止めた。自転車に乗っていた男は、両耳にイヤホンをつけ、音楽を聴きながら自転車を運転していた。

　無灯火で走行する危険性やイヤホンで音楽を聴きながらの運転は危険であること等の説明を始めたが、その応答が片言の日本語であったことから、Y巡査部長が「外国の方ですか。パスポートか在留カードを見せてください。」と申し向けると男はしばらく沈黙した後、大きくため息をつきながら「パスポートない。カードも持っていない。」と答えた。M巡査は自転車の登録番号から盗難などの被害届の有無を照会していたが、盗難届はなされていなかった。自転車は誰のものかとの質問に、「働いている会社の社長Sから借りている。いつも乗っている。」と答えた。M巡査とY巡査部長は、男が日本語を理解できない様子であったことから通訳人を介して質問することにし、T警察署まで同行を求めると素直に応じた。

　通訳人の手配をし、通訳人の到着を待って権利などを告げた上、詳細に聴取すると男は、F国出身のA（35歳）と名乗り、「3年半ほど前に数十人の者と船で日本に来た。旅券も在留カードも持っていない。」等と述べた。出入国在留管理庁に出入国記録の照会を行った結果、該当者なしとの回答を得た。

Ｑ この場合，Ａはいかなる刑責を負うか。

Ａ 旅券不携帯の罪（入管法23条１項）の刑責を負う。

────────■ 根 拠 条 文 ■────────

入管法第23条第１項本文
　本邦に在留する外国人は，常に旅券（次の各号に掲げる者にあつては，当該各号に定める文書。第３項及び第76条第２号において同じ。）を携帯していなければならない。
罰則：入管法第76条第１号
　　10万円以下の罰金

【主　体】　本邦に在留する外国人
【行　為】　旅券（在留カード）の不携帯

◆◆解説・検討◆◆

 本条の趣旨

　入管法第23条は，本邦に在留する外国人が適法に在留しているか否か，いかなる在留資格を有しているのか，上陸・在留の許可に付された条件を守っているかどうか等を入国審査官や入国警備官等が即時に把握・確認できるようにし，外国人の公正な在留管理を図るため，在留外国人に対し，旅券等の常時携帯，提示を義務付けている。

 用語の意義

１　「本邦」とは

　日本国の主権が及ぶ場所的範囲，すなわち，日本の領域を意味する。領域は，領土・領海・領空から構成されるので，本邦には我が国の領土のみならずその領海及び領空が含まれる。

2 「在留」とは

簡潔にいえば「ある期間ある土地（国）にとどまって住むこと」をいう。

入管法は，在留資格制度を採用（入管法2条の2第1項）している。すなわち，外国人が在留中に行うことができる活動や在留することができる身分・地位を類型化したものを「在留資格」として定め，これを基本として外国人の在留管理を行っている。

3 「外国人」とは

入管法第2条第1号に「日本の国籍を有しない者をいう。」と規定されている。

「国籍」について憲法第10条で，「日本国民たる要件は，法律でこれを定める。」とされ，これを受けて国籍法が，父親か母親が日本国民であるならば子も日本国民とするいわゆる父母両系血統主義を採用している。例外として，日本で生まれ，父母がともに不明のとき又は無国籍のとき，日本国籍取得の原因となる。

4 「旅券」とは

入管法第2条第5号に「旅券とは次に掲げる文書をいう。」とあり，

① 日本国政府，日本国政府の承認した外国政府又は権限のある国際機関（国際連合や赤十字国際委員会等）の発行した旅券

② 難民旅行証明書その他当該旅券に代わる証明書（日本国領事官等の発行した渡航証明書を含む。）

③ 政令で定める地域の権限のある機関の発行した①，②に掲げる文書に相当する文書（台湾の台湾護照等が該当する。）

と定義されている。

5 「常時携帯」とは

「携帯」とは所持の一態様であるが，これより狭い概念であり，把持したり，懐中に入れたりするなど直接自分の身に着けている場合はもちろん，直ちに提示できるような状態に置いてあることと解される。

近くのスーパーまでちょっと買い物に行く場合等，時間的・場所（距離）的に接近した状況におけるもので一般常識からみて旅券等の携帯を求めることが酷である場合には，除外されてしかるべきである。

参考判例

外国人登録証明書の携帯についての判例（最決昭33.10.3刑集12・14・3199）であるが，「外国人登録法13条1項にいう携帯とは所論のように自己の支配内に置けば足りるというのではなく，法の規定する職員から呈示を求められたときは，直ちに呈示できるように所携していなければならない」と判示しているが，この理は，旅券不携帯についても同様である。

擬律判断

○ **旅券不携帯の事由**

もともと所持していない場合
所持はしているが携帯していない場合

＜もともと所持していない場合＞
- 当該外国人が旅券を提示したくても，そもそも我が国内において旅券を持っていないために提示できない→密入国者がその典型例
- 旅券を所持して正規に本邦に入国後，盗難等をおそれて本国に郵送した場合
- 盗難に遭ったり，紛失したが，いまだ再発行手続を経ていない場合

＜所持はしているが携帯していない場合＞
　外出時にうっかりして携帯していなかったという過失によるものが大半を占める。
　※　不携帯は故意によるもののほか，過失によるものも含む。

○ 想定問答

Q 不法入国者であるが故に旅券を携帯していなかった場合にも，旅券不携帯罪は成立するか。

A 成立する。

【理　由】
- 不法入国者といえども，本国の家族に依頼するなどして旅券を入手して携帯することが可能であること。
- 在日大使館を通じ，新たに旅券を取得したりすることも可能であること。

　<u>旅券携帯義務の趣旨は，身分関係，在留の適法性等を即時に把握，確認することを可能にするため</u>であり，他方，入国に当たって旅券を要求しているのは<u>入国管理</u>が目的であり，<u>その目的を異にしているので，不法入国者といえども旅券等の常時携帯は義務付けられていることになる。</u>

捜査上の留意事項

　旅券不携帯罪は，不法在留等の端緒としての役割を果たし，本罪を被疑事実として逮捕するケースが多いが，検察官への送致に当たり，旅券不携帯の事実のみで送致し，後日不法在留等の事実を追送致するケースもある。この場合，公判請求する際は裁判官に対して，不法在留等を事実とする勾留状の発付を求める「求令起訴」の手続をとらなければならない。

　このように，旅券不携帯だけではなく，できる限り不法在留等の事実を送致事実に含ませる取扱いをすべきである。なお，事件送致をする際，逮捕事実である旅券不携帯の事実で送致せず，不法在留のみで送致した場合，逮捕前置主義に違反することになるので，不法在留罪の事実で勾留請求することはできない。これを防ぐためには，端緒となった旅券不携帯の事実を含めて送致する必要がある。

　取扱い方法としては，
① 　逮捕事実である旅券不携帯については釈放して，不法在留事実で通常逮捕し，この事実で検察官に事件送致する。釈放した旅券不携帯事実

は，後日，可及的速やかに追送致する
　②　逮捕事実である旅券不携帯罪と不法在留罪を抱き合わせで送致する
が考えられるが，②の方法が妥当である。
　旅券不携帯罪は実務上，逮捕行為の端緒として機能しており，逮捕・勾留事実に含まれるものの旅券不携帯罪が起訴されることは稀である。
　また，旅券不携帯罪の法定刑は10万円以下の罰金であるので，少年を本罪のみで処理する場合，検察官送致ではなく，家庭裁判所に直送しなければならないので留意を要する（少年法41条）。

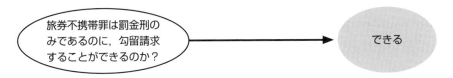

＜勾留の要件（刑訴法60条1項）＞
　被疑者が罪を犯したことを疑うに足りる相当な理由がある場合で，下記のいずれかに当たるときは，被疑者を勾留することができる。
①　被疑者が定まった住居を有しないとき
　※　「定まった住居」の有無は，形式的ではなく，実質的に考察して決すべきである。
　被疑者において氏名，住居を黙秘するため，裁判所，検察官においてその住居を認知し得ない場合には，たとえ客観的には被疑者に定まった住居があるとしても，定まった住居を有しないときに当たる（東京地決昭43．5．24下刑集10・5・581）。
②　被疑者が罪証を隠滅すると疑うに足りる相当な理由があるとき
　※　罪証隠滅のおそれの有無は，自白の有無のみによって決せられるわけではなく，自白していても，関係参考人の供述に影響力を与え，罪証を隠滅するおそれもあること，被疑事件の内容，犯行の態様等も併せて考える必要がある。
③　被疑者が逃亡し又は逃亡すると疑うに足りる相当な理由があるとき

ただし，30万円（刑法，暴力行為等処罰に関する法律及び経済関係罰則の整備に関する法律の罪以外の罪については，当分の間，2万円）以下の罰金，拘留又は科料に当たる事件については，被疑者に定まった住居がない場合に限る（刑訴法60条3項）。

取調べ事項

1 人定事項

　旅券不携帯（もともと所持していない）の場合，被疑者の人定を確定するためには，本国からの戸籍簿，あるいは家族リスト，出生証明書等を取り寄せ，これに基づいて確定する必要がある。

2 国籍，学歴及び経歴，家族関係，本国及び我が国における前科・前歴の有無

3 退去強制歴，出国命令による出国の有無等

　退去強制歴を有する場合又は出入国在留管理庁に収容されたことがある場合は，出入国在留管理庁においても指紋等の採取が義務付けられているので，指紋照会を実施する必要がある。

4 入国年月日，在留資格，在留期間等の入国・在留に関する事項

5 本国において過去に旅券を取得したことの有無

　取得したことがある場合には，今回なぜ所持していなかったのか
　・日本に入国するときは旅券を持っていたが，ブローカーが高く買ってくれるというのでブローカーに売った　等

6 旅券等を携帯していなかった理由（提示拒否の場合はその理由）
　・本国でも旅券の発給を受けたこともないし，今回日本に来たときも最初から旅券は持っていなかった
　・日本に入国するときは旅券を持っていたが，ブローカーが高く買ってくれるというのでブローカーに売ってしまった

・ブローカーに取り上げられ，そのブローカーが本国に帰ってしまった等

7 旅券を紛失したり，盗難被害を受けていないか
　　紛失や盗難の場合で，再発行手続をしていないときはその理由

8 不携帯（提示拒否）の違法性に関する認識

9 我が国での稼働（生活）状況

> **Comment** 本罪の捜査事項で最も重要な事柄は，職務質問の適法性である。
> 　多くの場合，挙動不審者であることが職務質問の契機となっているが，警察官の行為が警察官職務執行法第2条に定める要件を満たしているのかを十分検討する必要がある。
> ・職務質問の要件を満たしているか
> ・停止行為の限界
> ・所持品検査
> ・自動車検問
> などにつき，普段から判例を研究しておくことが肝要

 その他

　想定事例から考えられる罪名としては，Aについては旅券不携帯罪のほかに不法在留罪が，Sについては不法就労助長罪が成立すると考えられる。
　なお，不法入国・不法上陸罪についての公訴時効は3年であるので，設例を前提とした場合は時効完成となるが，Aは上陸後引き続き本邦に在留していたことが明白であるから「不法在留罪」が成立する。

犯罪事実記載例

旅券不携帯の罪

〔被疑事実〕
　被疑者は，○○国の国籍を有する外国人であるが，法定の除外事由がないのに，令和○年○月○日○時○分頃，○○において，旅券を携帯していなかったものである。
〔罪名及び罰条〕
　出入国管理及び難民認定法違反　同法第76条第1号，第23条第1項
〔法定刑〕
　10万円以下の罰金

(注1)　犯行場所については，職務質問を受けた場所，任意同行先の警察署（交番）等が考えられる。
(注2)　在留カードを所持していた場合は，本罪は成立しないことに留意する必要がある（入管法23条1項ただし書き）。
(注3)　平成11年の法改正により，特別永住者については，刑事罰の対象から除外されている。
(注4)　不携帯は，故意によるもののほか過失による場合も含む（外国人登録証明書の不携帯につき，判例（最決昭28．3．5刑集7・3・506）がある。）。また，軽微な事案の立件は慎重に対応する必要がある。

2 不法入国罪・不法上陸罪

想定事例

　A及びBは，地元のブローカーから日本での稼働を勧められ，船員の手引きで貨物船の機関室に潜み，令和○年○月○日頃，Ｔの港を出港した。

　本邦の領域外の洋上で出迎えた日本の漁船に乗り換え，ひと気のない漁港に入港し，本邦に上陸した。

　なお，Aはもともと旅券等は所持しておらず，BはＴ国政府の旅券を所持していたが，当初からその旅券に上陸許可証印を受けるつもりはなかった。

Q この場合，それぞれいかなる刑責を負うか。

A いずれも不法入国罪（A→入管法3条1項1号，B→同項2号）の刑責を負う。

———————— ■ 根 拠 条 文 ■ ————————

〈不法入国罪〉
入管法第3条第1項
　次の各号のいずれかに該当する外国人は，本邦に入つてはならない。
　(1)　有効な旅券を所持しない者（有効な乗員手帳を所持する乗員を除く。）
　(2)　入国審査官から上陸許可の証印若しくは第9条第4項の規定による記録又は上陸の許可を受けないで本邦に上陸する目的を有する者（前号に掲げる者を除く。）
罰則：入管法第70条第1項第1号
　3年以下の拘禁刑若しくは300万円以下の罰金，併科規定有

〈不法上陸罪〉
入管法第70条第1項第2号
　入国審査官から上陸の許可等を受けないで本邦に上陸した者
罰則：入管法第70条第1項第2号
　3年以下の拘禁刑若しくは300万円以下の罰金，併科規定有

◆◆解説・検討◆◆

 本条の趣旨

入管法第3条は，「入国」と「上陸」を区別し，
① 外国人が本邦に上陸する意図を有するか否かを問わず，有効な旅券又は乗員手帳を所持しない者（入管法3条1項1号）
② 有効な旅券又は乗員手帳を所持していても，入国審査官から上陸許可の証印又は上陸の許可を受けないで本邦に上陸する目的を有する者（同項2号）

に対し，我が国の領域内に入った入国段階から行政上，刑事上の必要な措置をとるための根拠規定である。

用語の意義

1 「乗員手帳」とは

　乗員手帳とは，権限のある機関が船舶等の乗員に対して発行した船員手帳又は船員手帳の実質的要件を満たす乗員に係る文書をいい，「船員手帳」とは，船員の身分事項，雇入契約の内容，社会保険に関する事項などが記載された文書で，当該船員が船舶等の乗組員であることを示すものをいう。

2 「所持」とは

　持っていることをいうが，必ずしも本人が身に着けている必要はなく，手荷物の中にある場合，船室においてある場合，船長が預かっている場合等であっても，権限のある官憲から提示を求められた場合直ちにこれを提示する意思の下に，かつ，直ちに提示できる程度に所持人本人の支配・管理が及ぶ範囲内にあるときは，「所持」に当たるものと解される。

3 「本邦に入る」「入国」「上陸」とは

　本邦外から本邦の領域内に入ることをいう。

　外国人が我が国の「領海又は領空」内に入ることを入国，我が国の「領土」内に足を踏み入れることを上陸という。ただし，上陸審査場を備えている出入国港において，審査場に至る施設内の外部の区域を仕切られた部分が直行通航区域として設置されており，その境界を越えて我が国の領土に足を踏み入れることが上陸に当たる。

　外国と国境を接している国では，入国とは外国人が国境を越えて領土内に入ることであり，これに加えて上陸という概念を区別する必要はない。しかしながら，四方を海に囲まれた我が国においては，その地理的な条件から海路による密入国が容易であるので，上陸前に密入国を防止しようとする趣旨から「入国」と「上陸」を区別し，それぞれ異なった規制をしている。

成立要件等

1 成立要件
＜不法入国罪＞
(1) 有効な旅券（乗員については乗員手帳）を所持しない者とは、旅券そのものを所持していない場合のほか、偽変造旅券、他人名義の旅券、有効期限切れの旅券等無効な旅券、通称名の記載された旅券を所持していた場合も含まれる。

　真実と異なる生年月日が記載された旅券は、基本的には有効な旅券と解されているが、旅券発給後に記載を改ざんした場合は、実務では無効な旅券として処理している。

(2) 入国審査官から上陸の許可等を受けないで本邦に上陸する目的を有する者とは、自己名義の旅券には査証を取得していない等の理由により、偽造旅券で上陸許可を受けたり、そもそも上陸許可等を受けないなどといった不正な手段で上陸しようとしている者を指す。これは集団密航のようなケースにおいて、密航者がたとえ自己名義の旅券を所持していたとしても、海上での集団検挙を可能とすることを企図し、平成9年5月1日の入管法改正（同年5月11日から施行）により新設されたものである。そのため、同日以降の事実は不法入国罪で処理できるが、それ以前の事実には不法入国罪は成立しないので、不法上陸（無証印上陸）の事実で処理することになる。ただし、不法上陸罪の公訴時効は3年であることに留意する必要がある。一般的には、不法入国・不法上陸は不法在留の前提となる行為であり、本邦に上陸した後引き続き本邦に在留していれば、不法在留罪として処理が可能である。

擬律判断

① 自己名義の真正旅券（ただし、査証なし）と、偽造旅券を所持していた場合で、自己名義の真正旅券は査証がないため、上陸手続には利用できずに偽造旅券を使用するが、身分証明や帰国（出国）の際に利用する目的で自己名義の真正旅券を用意して上陸する態様がしばしばみられた。

この場合の刑責はどうなるのかというと，上陸手続の際，偽造旅券を提示して上陸許可を受けたとしても，同時に自己名義の真正旅券（ただし，査証なし）を所持しているので，有効な旅券を所持していたことになる。

しかしながら，「**上陸の許可等を受けないで本邦に上陸する目的**」を持っているので，**不法入国罪**として処理する。

② 自己名義の真正旅券を用意していたとしても，ブローカーが所持していた場合や手荷物として預けていた場合等，直ちに提示できない状態になっていた場合は，実務上，有効な旅券を所持していなかったものとして入管法第3条第1項第1号の**不法入国罪**で処理することが多い。この考え方は，旅券の所持を自己の支配下に置くことと解し，これを基準として処理するものである。

一方で，旅券の所持とは旅券を用意していたか否かで決すべきであるとして，有効な旅券を所持していたものと解するが，「**上陸の許可等を受けないで本邦に上陸する目的**」を持っているので，**不法入国罪**として処理すべきとする見解もある。

しかし，いずれに解するとしても，上陸の許可等を受けないで本邦に上陸する目的を有している限り，不法入国罪が成立することに変わりはない。

＜不法上陸罪＞

上陸許可を受けない場合，又は上陸許可が無効な場合に成立する。

(1) 外形的にも上陸の許可を受けない場合
・港以外の場所から密かに上陸
・入国審査ゲートをすり抜けて上陸　等

(2) 外形的には上陸の許可等を受けるが，それが無効又は不存在とされる場合
・偽造旅券等に上陸許可証印を受けた場合　等

(3) 外形的には上陸の許可等を受けるが，その許可の名宛人となっていない場合
・自己と容貌の似た他人名義の旅券を提示して上陸許可証印を受けた場合　等

- 不法入国者（入管法24条1号）が上陸した場合には，その上陸は不法入国行為の中で評価され，入管法第70条第1項第2号違反を構成しない。
- 有効な旅券に偽造の査証を作出し，これを利用して上陸許可証印を受けた場合は，不法上陸罪は成立しない。

2 成立時期
＜不法入国罪＞

　不法入国罪は，本邦外から本邦の領域内に入った時点で成立し完了する即成犯と解される（広島高判昭25.5.30判特11・107，福岡地判昭34.4.25下刑集1・4・1112）。不法在留罪が新設され，文理解釈上も即成犯であることが明らかにされた。

3 故意
＜不法入国罪＞

　我が国に入るのに旅券等が必要であるとの認識は不要であり，この認識がなくても**法の不知**にすぎないと考えられるが，違法性の認識は必要であろう。

　我が国に不法入国することを意図した外国人が乗った船舶等が客観的に我が国の領域に入れば，不法入国罪は成立し，当該外国人がそのことを個別的に認識する必要はない。

　　想定事例に当てはめると
　　　Aは，旅券を所持しておらず，いわゆる密航
　　　Bは，自己名義の旅券は所持していたものの，入国審査官から上陸の許可等を受けないで上陸する目的を有している
　　　よって，いずれも不法入国罪が成立する。

捜査上の留意事項

(1) 被疑者が外国人であることの証明は，被疑者が旅券や身分証明書を所持していればこれによるのが通例であるが，その旅券が真正なものか偽造されたものかを明らかにする必要がある。

(2) 本国から，被疑者の身上関係書類（出生証明書，戸籍簿，戸口簿，家族リスト等）を入手する場合は，被疑者の親族への連絡は捜査官自ら行うのではなく，通訳人を介して，被疑者本人が身上関係書類を送付するよう依頼しなければならない。

 事案に応じ，刑訴法第81条の接見禁止請求をする場合があるが，この場合，事件事務規程の接見禁止等請求書の「2　書類又は物（糧食，寝具及び衣類を除く。）の授受の禁止」の下に（ただし，本国からの被疑者に係る身上特定資料を除く。）と記載し，物の授受の禁止から除外する取扱いをしている。これを除外しないままにしておくと，本国から被疑者宛に届いた身上関係書類を被疑者に提示して説明を求めるいわゆる「示し取り」ができなくなる。この場合には，接見禁止の一部解除の措置をとらなければならない。

 取調べ事項

1　人定事項

　　国籍，学歴及び経歴，家族関係，本国及び日本における前科・前歴の有無

2　退去強制歴・出国命令による出国の有無等

3　日本における住居，職業

104　2　不法入国罪・不法上陸罪

4　犯行の動機・経緯
- 1　旅券を所持しないまま日本に入国しようと決意した理由は何か
- 2　旅券発給申請をしたことがあるか否か
- 3　偽造旅券を所持していた場合には，その入手経緯・時期
- 4　真正旅券を所持していながら，その旅券に上陸許可証印を受けずに入国する理由は何か
  - ・日本に入国した日を明らかにしたくない
  - ・帰国する際の身分証明書にするつもりだった
  - ・ブローカーに高く売るつもりだった　等

5　不法入国先を日本に決めた理由は何か
- ・賃金が高い
- ・仕事が多い
- ・仲間が先に日本で働き，金を稼いでいる　等

6　ブローカーを介して日本での稼働を勧誘された場合，自ら接近したのか，ブローカーから声を掛けられたのか
　　ブローカーへの謝礼の有無
　　→あるときはその金額

7　本国からの就航状況
- 1　船員等の手引きの有無，謝礼の有無
  　→あるときはその金額
- 2　乗り換え時の状況

8　日本への入国を知った経緯，上陸した日時及び場所
- ・岩がゴツゴツした海岸だった
- ・小さな港だった　等
  　→なお，上陸時に記憶している風景などを明確にするとなお分かりやすい

9　不法入国後の生活状況（一般的には，不法在留をして不法就労が目的）

犯罪事実記載例

1 有効な旅券（乗員にあっては乗員手帳）を所持しない事案

〔被疑事実〕
　被疑者は，○○国の国籍を有する外国人であるが，有効な旅券又は乗員手帳を所持しないで，令和○年○月○日頃，○○から船舶（航空機）で○○所在の港（空港）に到着し，もって不法に本邦に入国したものである。
〔罪名及び罰条〕
　出入国管理及び難民認定法違反　同法第70条第1項第1号，第3条第1項第1号
〔法定刑〕
　3年以下の拘禁刑若しくは300万円以下の罰金，併科規定有

2 入国審査官から上陸許可等を受けないで本邦に上陸する目的を有する事案

〔被疑事実〕
　被疑者は，○○国の国籍を有する外国人であるが，入国審査官から上陸の許可等を受けないで本邦に上陸する目的で，令和○年○月○日頃，○○から船舶（航空機）で○○所在の港（空港）に到着し，もって不法に本邦に入国したものである。
〔罪名及び罰条〕
　出入国管理及び難民認定法違反　同法第70条第1項第1号，第3条第1項第2号
〔法定刑〕
　3年以下の拘禁刑若しくは300万円以下の罰金，併科規定有

3 船舶による入国で，上陸前に検挙された事案

〔被疑事実〕
　被疑者らは，いずれも〇〇国の国籍を有する外国人であるが，有効な旅券又は乗員手帳を所持しないで，令和〇年〇月〇日頃，〇〇国の〇〇において，〇〇に乗船して出航し，〇月〇日〇時〇分頃，本邦の領海内である〇〇の〇〇灯台から真方位〇度，約〇海里付近海域に至り，もってそれぞれ不法に本邦に入国したものである。
〔罪名及び罰条〕
　出入国管理及び難民認定法違反　同法第70条第1項第1号，第3条第1項第1号
〔法定刑〕
　3年以下の拘禁刑若しくは300万円以下の罰金，併科規定有

海里（sea mile：nautical mile）…1海里約1,852m
真方位＝真北を基準にして測った方位

3
資格外活動の罪

想定事例

　A女は，F国の国籍を有する外国人で，F国で開催されたダンサーのオーディションでグランプリを獲得していた。ある日，日本のプロモーターから，「君のダンスは素晴らしい。是非日本でダンサーとして働いてほしい。ショータイムに踊ってもらうほか，お客さんの接待をしてもらえれば，十分なお金を保証しよう。」と誘われ，「興行」の在留資格で日本に入国した。プロモーターから社交飲食店に連れていかれ，店長との話の中で，「ダンスは1日1回20分程度のもの，それ以外はお客さんの隣に座って接客してくれればいい。それが君の仕事。」と言われ，専らホステスとして稼働して収入を得ていた。

3 資格外活動の罪

Q この場合，Aはいかなる刑責を負うか。

A 資格外活動違反（入管法19条1項1号）の刑責を負う。

━━━━━■ 根 拠 条 文 ■━━━━━

入管法第19条第1項
　別表第1の上欄の在留資格をもって在留する者は，次項の許可を受けて行う場合を除き，次の各号に掲げる区分に応じ当該各号に掲げる活動を行つてはならない。
(1) 別表第1の1の表，2の表及び5の表の上欄の在留資格をもって在留する者　当該在留資格に応じこれらの表の下欄に掲げる活動に属しない収入を伴う事業を運営する活動又は報酬（業として行うものではない講演に対する謝金，日常生活に伴う臨時の報酬その他の法務省令で定めるものを除く。以下同じ。）を受ける活動
(2) 別表第1の3の表及び4の表の上欄の在留資格をもって在留する者　収入を伴う事業を運営する活動又は報酬を受ける活動

罰則：入管法第70条第1項第4号
　3年以下の拘禁刑若しくは300万円以下の罰金，併科規定有

【主　体】　在留資格をもって在留する外国人
【行　為】　当該在留資格に応じた活動以外の収入・報酬を得る活動を行った

◆◆解説・検討◆◆

本条の趣旨

　入管法第2条の2が，在留資格をもって在留する外国人が，現に有している在留資格に基づいて「行うことができる活動」を定めているのに対し，同法第19条第1項は，在留資格をもって在留する外国人が「行ってはならない活動」を規定している。そして，後述するように資格外活動を不法就労活動の一つとし，退去強制事由及び処罰の対象としている。

資格外活動の範囲

入管法第19条第1項第1号が，資格外活動の範囲を
- ○ 収入を伴う事業を運営する活動
- ○ 報酬を受ける活動

に限定したのは，資格外活動として退去強制及び処罰の規制が必要となる，外国人が我が国で行う活動のうち我が国の産業及び国民生活に大きな影響を与えると思われる活動について，許可制による入管行政上の管理に委ねれば十分であるからであると解されている。

 資格外活動の類型

資格外活動は，同活動を行っていた者によって処罰等が異なる。
① <u>専ら行っていると明らかに認められる者</u>
　→<u>退去強制及び罰則（入管法24条4号イ，70条1項4号）</u>
② それ以外の者
　→罰則のみ（入管法73条）

 用語の意義

1　「事業」とは
　　一定の目的の下に同種行為を反復継続して行う人の活動である。営利の目的の有無は問わないが，収入を伴うことであることが必要である。
　　〔例示〕物品販売業，製造業，農漁業，サービス業　等

2　「運営する」とは
　　個人・法人を問わず事業を営むことをいう。

3　「報酬を受ける活動」とは
　　一定の役務の給付に対する対価を受ける活動を意味し，具体的には他人に雇われて働くことにより賃金を得る場合が一般的である。

4 「専ら行っている」とは

当該活動の継続性，有償性，生計等の依存度，その有する在留資格に基づく活動の有無又は程度を総合的に勘案し，当該外国人の活動が，その有する在留資格に属する者の行うべき活動から，他の在留資格に属する者の行うべき活動に変更されてしまったと認められる状態にあることをいう。

例えば，歌手・ダンサーとして興行の在留資格で入国・在留する外国人が，1日に1，2回程度のおざなりのショーをするのみで，その他は専らホステスとして遊客の接待に従事し，報酬もホステスの仕事を前提として支払われている場合等がこれに該当する。

5 「明らかに認められる」とは

証拠上明白であるという意味にほかならない。

Comment ◆ 資格外活動とならない外国人
　　　在留資格を有しないで本邦に在留する外国人は，資格外活動の行為主体とならない（括弧内は入管法の条文を示す。）。
・不法入国者（70条1項1号）
・不法上陸者（70条1項2号）
・不法残留者（70条1項5号）
・乗員（3条）
・仮上陸の許可を受けた者（13条）
・寄港地上陸の許可を受けた者（14条）
・船舶観光上陸の許可を受けた者（14条の2）
・通過上陸の許可を受けた者（15条）
・乗員上陸の許可を受けた者（16条）
・緊急上陸の許可を受けた者（17条）
・遭難による上陸の許可を受けた者（18条）
・一時庇護のための上陸の許可を受けた者（18条の2）

想定事例に当てはめると

Aの在留資格は入管法別表第1の2の表中　→　興行

本邦において行うことができる活動　→　演劇，演芸，演奏，スポーツ等の興行に係る活動又はその他の芸能活動（この表の経営・管理の項の下欄に掲げる活動を除く。）

しかし，Aは専らホステスとして稼働していることが明らかであるため，**資格外活動違反**となる。

 捜査上の留意事項

(1) 被疑者の在留資格と在留期間の確定が必要である。なお，不法残留，不法在留に該当する場合は，犯罪主体となり得ない。また，その有する在留資格が就労可能なものか否かを確認する。

(2) 入管法第70条第1項第4号と第73条第1号該当性の検討
　　構成要件上の両罪の違いは，同法第19条第1項の規定に違反して収入を伴う事業を運営する活動又は報酬を受ける活動が「専ら行っていると明らかに認められる」か否かである。
　　付与されている在留資格が観光などの短期滞在や留学等本来就労できない在留資格であるのに就労している場合は，概して「専ら・明らかに」と認められ同法第70条第1項第4号違反が成立する。
　　付与されている在留資格が就労可能である場合は一概には認め難く，当該在留資格により行うことのできる活動を行う傍ら，これを阻害しない範囲内で資格外活動を行うような場合には，「専ら・明らかに」は認められず，同法第73条第1号違反が成立する。

　「専ら・明らかに」資格外活動を行っているか否かを認定する証拠の収集に他ならない。

 取調べ事項

1　被疑者の身上特定

2　国籍，出生地

3　本国及び日本での前科・前歴，退去強制歴・出国命令による出国歴の有無

4 学歴，経歴，家族状況，資産状況

家族状況や本国での職業収入等の資産状況により，出稼ぎ目的か否かが容易に推認される。

5 入国目的，入国年月日，入国港等

在留資格が観光などの短期滞在の場合，一定国の女性にはホステスとして，また男性であれば土木・建築作業員としての出稼ぎ目的である場合が多い。
- 1 旅券や査証をどのようにして入手したのか
　→その費用及び航空券等の渡航費用の工面方法
- 2 出入国を繰り返す理由は何か

6 日本での稼働場所，稼働内容

→入国してから検挙時までの具体的な就労状況について，詳細に聴取すべきである。
・就労できない在留資格で入国・在留する被疑者については，反復継続して収入を伴う活動及び報酬を受ける活動をしていたことを明らかにすることによって，自ずと「専ら・明らかに」資格外活動をしていたことが立証される。

→就労先から従業員名簿，出勤簿等を押収して稼働状況を明らかにする。

7 収入の使途状況

本国送金の有無，地下銀行利用の有無

 その他

雇用主については，不法就労助長罪の立件を視野に入れ，雇用契約書，履歴書，従業員名簿，タイムカード，出勤簿，給料支払明細書などを押収し，
① 雇用するに至った経緯
② 雇用条件
③ 雇用期間等の稼働状況
④ 稼働の繰り返しの有無

業者によっては「リクエスト」と称し，再度同一場所での稼働の約

束を取り付けているところも存在する。
⑤　支払った報酬額

等について聴取する必要がある（詳細は「7　不法就労助長罪」を参照）。

 犯罪事実記載例

1　資格外活動違反（入管法19条1項1号違反）

〔被疑事実〕
　被疑者は，○○国の国籍を有する外国人であり，「興行」の在留資格をもって本邦に在留する者であるが，出入国在留管理庁長官の資格外活動の許可を受けないで，令和○年○月○日頃から○月○日頃までの間（合計○○日間にわたり）○○において，同店従業者として稼働し，もって明らかに在留資格に応じた活動に属しない報酬を受ける活動を専ら行ったものである。
〔罪名及び罰条〕
　出入国管理及び難民認定法違反　同法第70条第1項第4号，第19条第1項第1号
〔法定刑〕
　3年以下の拘禁刑若しくは300万円以下の罰金，併科規定有

2　資格外活動違反（入管法19条1項2号違反）

〔被疑事実〕
　被疑者は，○○国の国籍を有する外国人であり，「留学」の在留資格をもって本邦に在留する者であるが，出入国在留管理庁長官の資格外活動の許可を受けないで，令和○年○月○日頃から○月○日頃までの間，○○において，工員として稼働し，もって明らかに報酬を受ける活動を専ら行ったものである。
〔罪名及び罰条〕
　出入国管理及び難民認定法違反　同法第70条第1項第4号，第19条第1項第2号
〔法定刑〕
　3年以下の拘禁刑若しくは300万円以下の罰金，併科規定有

3　資格外活動違反（入管法73条違反）

〔被疑事実〕

　被疑者は，○○国の国籍を有する外国人であり，「技術・人文知識・国際業務」の在留資格をもって本邦に在留する者であるが，出入国在留管理庁長官の資格外活動の許可を受けないで，令和○年○月○日頃から○月○日頃までの間，○○において，同店従業員として稼働し，もって在留資格に応じた活動に属しない報酬を受ける活動を行ったものである。

〔罪名及び罰条〕

　出入国管理及び難民認定法違反　同法第73条第1号，第19条第1項第1号

〔法定刑〕

　1年以下の拘禁刑若しくは200万円以下の罰金，併科規定有

（注）　入管法別表第2の上欄の在留資格（永住者，日本人の配偶者等，永住者の配偶者等，定住者）の在留資格をもって在留する外国人は，在留活動の範囲について何ら制限がないため，本邦においてあらゆる活動に従事することができる。ただし，他の法令により外国人は一定の職業に従事できないとされること等がある場合は別問題である。

4
不法残留罪

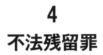

想定事例

　某日午前5時。2台の自動車が，某アパートの前で止まった。車内から素早く降りた男女8名のうち，6名はアパートの周りを取り囲むようにして立ち，男2人が足早に階段を駆け上がった。2人の男はある部屋の前に立ち，年配の男の目配せで，もう一人の男がドアをノックした。「コンコン」と乾いた音を立てる。ほどなく中から「ハーイ」という返事が聞こえ，ドアが開いた。年配の男が体をドアの内部に滑り込ませ「東京イミグレーション。分かるね。パスポートを見せなさい。」

　部屋の中には6人の男がいたが，A，B，Cの3人の男がパスポートを差し出した。そのパスポートから，いずれも在留期間の更新手続も在留資格の変更申請もなく，5年が経過していたことが明らかとなった。

　他の3人は，パスポート等は所持していなかった。

4　不法残留罪

Q この場合，A，B，Cはいかなる刑責を負うか。

A 不法残留罪（入管法70条1項5号）の刑責を負う。
他の3名につき，不法在留罪の刑責を負う。

━━━━━━━━■ 根　拠　条　文 ■━━━━━━━━

入管法第70条第1項第5号
　在留期間の更新又は変更を受けないで在留期間（第20条第6項（第21条第4項において準用する場合を含む。）の規定により本邦に在留することができる期間を含む。）を経過して本邦に残留する者
罰則：入管法第70条第1項第5号
　3年以下の拘禁刑若しくは300万円以下の罰金，併科規定有

【主　体】　在留期間の制限がある在留資格で本邦に在留する外国人
【行　為】　在留期間の更新又は変更を受けないで，在留期間を徒過して本邦に残留した

◆◆解説・検討◆◆

 本条の趣旨

　入管法第70条第1項第5号は，在留資格をもって在留する外国人が在留することができる期間としての在留期間は，在留資格と一体不可分のものとして在留資格制度の根幹をなすものであるから，許可された在留期間を経過して本邦に残留する外国人を在留資格制度の基本秩序を害する行為を行った者として評価し，刑罰を科することとしたものである。

 用語の意義

「在留期間を経過して」とは
　不法残留の罪は，在留期間満了の日の翌日の開始と同時に既遂に達し，以後残留が継続する間は不法残留が継続する継続犯である（大阪高判平2.5.30判時1368・157）。

出入国管理令第70条第7号〔現・入管法70条1項7号〕（特例上陸）の不法残留につき同号の罪は，右残留の期間中継続して成立する（広島高判昭49.9.26高刑集27・4・396）。
　したがって，残留が継続している限り公訴時効の問題は生じないこととなる。

 成立要件

　本罪の成立には，入国事実（上陸事実）が出入国記録等によって裏付けられること，その前提として人定が確定されることが必要不可欠であり，人定が確認できなければ本罪での処罰はできないこととなる。この点が，氏名不詳者では「自称○○こと（別添写真の男（女））」として処理している不法在留罪等と異なる。

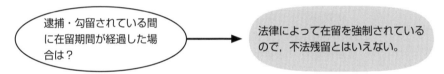

 不法残留の形態

　不法残留罪は，在留期間の更新又は変更を受けないで在留期間を経過して本邦に残留した場合の罪であり，その形態には，
　①　当初から本邦にて稼働する目的で短期滞在の在留資格で入国し，そのまま在留し続けるケース
　②　留学等の在留資格で来日しながら，退学する等してその在留資格を失ったにもかかわらず稼働目的で滞在を続けるケース
　③　在留期間更新許可申請が不許可処分となったにもかかわらず，そのまま残留するケース
がある。

擬律判断

○ **想定問答**

Q 在留期間更新許可申請をしたが，これが認められなかった場合の申請中及びその後の残留が不法残留に当たるか。

A 在留期間の更新等に関し，申請自体は在留期間内になされたとしても，それに対する許可・不許可の処分が審査手続の関係で在留期間満了日後に出されることもあり得る。よって，当該残留が不法残留に当たるかどうかはそのときの状況による。以下に，例をいくつか挙げる。

① 在留期間満了日前に在留期間更新許可申請をし，満了日後に許可決定がなされた場合
→違法残留が治癒される。

② 在留期間満了日前に在留期間更新許可申請をしたものの，満了日後に不許可の決定がなされた場合
→更新不許可の通知を受けた後，身柄を収容されるまでの期間について，不法残留罪が成立する（最決昭45. 10. 2刑集24・11・1457）。

③ 更新不許可の通知が到達しなかった場合
(ア) 出入国在留管理庁からの連絡・通知が届かないよう身を隠した場合
→不許可通知を発送した日頃から不法残留が開始する（大阪高判昭63. 2. 16判時1288・145）。
(イ) 転居によって，不許可通知が届かなかった場合
→不許可通知を発送した翌日頃から不法残留が開始する（浦和地判平5. 3. 19判時1487・144）。
(ウ) 許可申請に真実の住所を記載しなかったために不許可通知が到達せず，被疑者自身も出入国在留管理庁に問い合わせる等しなかった場合
→不許可通知を発送した日頃から不法残留が開始する（東京地判平5. 7. 29判時1485・144）。
(エ) 在留期間更新許可申請に当たって在留資格の基礎となる事実について虚偽申請をし（日本人の配偶者等の在留資格で在留す

　　　　　　る者が妻との同居の事実について虚偽申請をした等），出入国
　　　　　　在留管理庁からの出頭要請に応じなかった等不誠実な対応をし
　　　　　　た場合
　　　　　→不許可処分以前から不法残留罪は成立しており，被告人に不
　　　　　　　許可処分通知が到達したか否か，不許可処分がなされたこと
　　　　　　　を認識していたか否かは犯罪の成立を左右しない（最決平
　　　　　　　17.4.21刑集59・3・376）。

> **Comment** 　この点に関し，平成21年の入管法改正（この部分は平成22年 7 月 1 日から施行）により，在留資格の変更又は在留期間の更新申請がなされた場合，その申請の時に当該外国人が有する在留資格に伴う在留期間満了の日までにその申請に対する処分がされないときは，当該外国人は，その在留期間満了後も，当該処分がされる時又は従前の在留期間満了の日から 2 月を経過する日が終了する時のいずれか早い時までの間は，従前の在留資格をもって在留することができるとされた（入管法20条 6 項，21条 4 項）。

捜査上の留意事項

(1)　不法残留については，当該外国人に対し，許可した在留資格，在留期間あるいは同様に許可した特例上陸に示された在留期間の存在が必要不可欠である。いずれの場合も，不法入国・上陸の可能性を念頭に置いた捜査が不可欠である。
(2)　旅券の有効性
　　旅券が偽造されたものである場合には不法入国となり，たとえ有効な旅券であっても再入国許可証が偽造であれば，上陸許可は無効であるので，在留期間についての許可も無効となる。
(3)　故　　意
　　不法残留外国人の中には，在留期間を知らなかった旨申し立てる者もいる。しかし，入国当初から在留期間に関わらず不法残留をして就業しようとする者が多く，そのような場合には，具体的な在留期間を認識していなくても故意は認められ，また，上陸時に出入国在留管理庁担当者から内容を告知され，旅券にも明示されているので，被疑者から上陸審査時や上陸許可後の状況，旅券記載内容の確認状況等を詳細に取り調べ

ることにより，在留期間の認識がなかった旨の供述が虚偽であることは自ずと明らかになり，自白に至る例がほとんどである。

 取調べ事項

1 被疑者の身上特定
　　国籍，本国における職業等

2 旅券の入手経緯・方法
　─ 1　自ら旅券発給申請手続をしたのか，ブローカーなどに依頼していないか
　─ 2　旅券は，いつ，どこで受領したのか
　─ 3　旅券の記載内容は確認したのか
　　　・氏名，生年月日，性別，本籍，転写されている顔写真

3 上陸審査時の状況
　─ 1　日本に上陸した目的は何か
　　　・短期滞在の在留資格で就労目的の者が多い
　　　・観光目的
　　　　→観光目的地，その予定期間，上陸時の所持金，復路の航空券の有無
　─ 2　在留資格，在留期間の説明等

4 上陸後の状況
　　観光の事実の有無
　　→観光したとした場合その場所，期間等
　　　・観光は隠れ蓑で，実際には上陸前に稼働先を決めている場合も多い

5 在留期間の認識

6 在留期間内に本邦から出国する意思の有無
　　最初から稼働目的の場合
　　　・90日のビザだったのでそれ以上日本に滞在できないことは分かっていたが，日本に入る前から，少なくとも3年，あるいは500万円稼ぐまでは日本で働くつもりでいたので，在留期間のことは気にも留めていなかった　等

7 稼働していた場合，稼働の実態

- 1 稼働場所，仕事の内容，稼働日数，収入
- 2 収入の使途，本国送金の有無
  → ある場合は地下銀行利用の有無等

- 在留期間内の資格外活動違反につき，不法就労助長罪の立件も視野に
- 地下銀行利用の場合，送金代理業者につき銀行法違反の立件も視野に

不法残留（在留）等の態様を取りまとめると次のとおりである。

主な不法残留（在留）等の態様一覧表

態様	罰則 （入管法 70条1項）	行為内容
不法入国	1号	有効な旅券を所持しない者，又は上陸許可の証印，上陸の許可（以下「上陸の許可等」という。）を受けないで日本に上陸する目的で日本に入った者
不法上陸	2号	入国審査官から上陸の許可等を受けないで日本に上陸した者
不正手段による上陸・在留資格変更等	2号の2	偽りその他不正の手段により，上陸の許可等を受けて日本に上陸し，又は在留資格の変更等の許可を受けた者
在留資格取消後不法残留	3号	偽りその他不正の手段により上陸の許可等を受けて日本に上陸し，在留資格を取消された者で，日本に残留するもの
	3号の2	在留資格に応じた活動を行っておらず，かつ，他の活動を行い又は行おうとして在留資格を取消された者で，日本に残留するもの（正当な理由がある場合を除く。）
	3号の3	出国期間の指定を受けた者で，出国期間を経過して日本に残留するもの
不法残留	5号	在留期間更新・在留資格変更に伴う在留期間の変更を受けないで，在留期間を経過して日本に残留する者
仮上陸許可条件違反	6号	上陸手続において，仮上陸許可を受けた者が，許可条件に違反して逃亡し，又は正当な理由がなくて呼出しに応じないもの
特例上陸許可の不法残留	7号	寄港地上陸，通過上陸，乗員上陸の許可などの特例上陸許可で認められた上陸期間を経過して日本に残留するもの

船舶観光上陸の許可取消し	7号の2	船舶観光上陸の許可を取り消される者のうち期間の指定を受けた者で，その期間内に出国しないもの
数次乗員上陸の許可取消し	7号の3	数次乗員上陸の許可を取り消される者のうち期間の指定を受けた者で，その期間内に帰船又は出国しないもの
在留資格取得許可を受けない不法残留	8号	出生・国籍離脱等により上陸手続を経ないで在留することとなる外国人が，60日を経過して日本に残留するもの
出国命令違反	8号の2	出国命令に付与された出国期限を経過して日本に残留するもの

■ 仮上陸 ■

 制度の趣旨

　本邦に上陸しようとする外国人は，「旅券及び査証に係る条件」「在留資格に係る条件」「在留期間に係る条件」「上陸拒否事由非該当性に係る条件」に適合しなければならないのが原則である。この原則の例外として，「仮上陸」と「特例上陸」がある。
　「仮上陸」とは，上陸手続中の外国人に仮に認める上陸許可である。
　「特例上陸」とは，船舶又は航空機の外国人乗員又は外国人乗客に対し，査証，在留資格等に係る上陸条件への適合性を求めることなく，簡易な手続によって一時的な上陸を認める制度である（p.125）。
　なお，仮上陸許可及び特例上陸許可を受けた外国人は，上陸期間，行動範囲の制限が課され，就労活動等を行うことはできないとされている。

●仮上陸許可条件違反（入管法70条1項6号，13条3項）

〔被疑事実〕
　被疑者は，○○国の国籍を有する外国人であり，令和○年○月○日，同国政府発行の旅券を所持し，○○所在の○○空港（港）から本邦に入国し，同日，主任審査官から，指定住居を「○○○」とする等の条件を付された仮上陸許可書の交付を受けて同空港（港）に上陸したものであるが，○月○日頃，あらかじめ主任審査官の承認を受けることなく，前記指定住居から他所に転居する等して身を隠し，もって仮上陸の許可に付された条件に違反して逃亡したもの

ある。
〔罪名及び罰条〕
　出入国管理及び難民認定法違反　同法第70条第1項第6号，第13条第3項
〔法定刑〕
　3年以下の拘禁刑若しくは300万円以下の罰金，併科規定有

【主　体】　仮上陸許可を受けている外国人
【行　為】　仮上陸の際の条件に違反し，逃亡，又は正当な理由なく不出頭

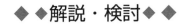

用語の意義

1　「仮上陸の許可」とは

　上陸の手続では，入国審査官の審査，特別審理官の口頭審理及び出入国在留管理庁長官の裁決の三審制がとられている。これらの一連の手続が完了するまでには若干の日時を要するので，上陸手続中の外国人は上陸許可の証印を受けていないため，その上陸が禁止される。しかし，人道的配慮を要する事情その他の諸事情を考慮し，仮の措置として当該外国人の上陸を認めることが必要となる場合もあり得る。そのような場合に，主任審査官の職権により上陸手続中の外国人に対し，上陸手続が完了するまでの間に限り，仮に上陸を許可することを「仮上陸の許可」という。

　本来は，旅券の有効期限が切れ，在日大使館で更新する場合を想定しているが，短時間停泊のクルーズ船の外国人にも適用される。

　仮上陸許可の対象は，一般上陸の手続中の外国人のみならず，特例上陸手続中の者も含まれると解されている。

　仮上陸許可書には，仮上陸を許可された者の国籍，氏名，性別，生年月日のほか仮上陸の条件（指定住居，行動範囲，出頭命令に対する出頭義務）が記載されることと定められている。また，仮上陸を許可された者は，常に仮上陸許可書を携帯し，入国審査官等から提示要求があったとき

は提示しなければならない（入管法23条1項2号）。

仮上陸許可を受けた外国人の中には，許可条件に違反して逃亡したり，正当な理由がないのに呼出しに応じない者もいる。

ちなみに，仮上陸許可の際には保証金を納付させなければならないが，その額は，その者の所持金，仮上陸中必要と認められる経費その他の情状を考慮して200万円以下の範囲内で定めるものとされ，未成年者に対する保証金の額は100万円を超えないものとされている（入管法施行規則12条3項）。

この保証金は，上陸許可の証印を受けたとき，又は上陸許可条件に適合していないとして本邦からの退去を命じられたときは，その外国人に返還しなければならない（入管法13条4項）。

2　「条件に違反して逃亡し」とは

仮上陸の許可の際に指定された住居をみだりに変更する等して，故意に所在をくらますことをいう。

3　「条件に違反して正当な理由がなくて呼出しに応じない」とは

交通手段の途絶，疾病等で呼出しに応じられないなど真にやむを得ないと認められる理由がないのに，指定された日時及び場所に出頭しないものをいうと解されている。

擬律判断

○　**不法残留罪の成否**

仮上陸を許可された者は，いまだ上陸審査手続中の者であり上陸を許可されたわけではないので，在留資格とその資格に伴う在留期間は付与されておらず，不法残留の罪に問うことはできない。

取調べ事項

1. 被疑者の人定特定
   旅券，身分証明書等によりその者が外国人であることを特定

2. 日本への上陸目的

3. 逃亡した理由，動機
   当初から隙をみて逃亡する意思ではなかったのか

4. 不出頭の理由
   「上陸を拒否されることを予想して出頭しなかった。」等の場合には，なぜそのように思ったのかその理由付け

5. 逃亡後の本邦における生活状況
   - 1 逃亡後の居住先
   - 2 稼働事実の有無
     →ある場合は稼働先，職種等

■ 特例上陸 ■

 ## 制度の趣旨

特例上陸は，一般上陸の対象とならない外国人であって，本邦を経由して本邦外の地域に赴く船舶等の乗客が一時的に上陸するとき，本邦に到着した船舶等の乗員が一時的に上陸するとき等の場合に入国審査官が特別に上陸を許可するものである。

特例上陸の態様として
① 寄港地上陸の許可（入管法14条）
② 船舶観光上陸の許可（同法14条の2）
③ 通過上陸の許可（同法15条）
④ 乗員上陸の許可（同法16条）

⑤　緊急上陸の許可（同法17条）
⑥　遭難による上陸の許可（同法18条）
⑦　一時庇護のための上陸の許可（同法18条の2）

があるが，この中で不法残留へと発展する可能性が高いものとして①から④が該当する。

●寄港地上陸許可後の不法残留（入管法70条1項7号，14条1項）

〔被疑事実〕
　被疑者は，○○国の国籍を有する外国人であり，令和○年○月○日，入国審査官から旅券に同月○日午後○時○分までを許可期間とする寄港地上陸の許可の証印を受けて，○○所在の○○空港（港）に上陸して本邦に入った者であるが，前記許可期間内に本邦から出国せず，令和○年○月○日まで○○内などに居住し，もって旅券に記載された期間を経過して不法に本邦に残留したものである。
〔罪名及び罰条〕
　出入国管理及び難民認定法違反　同法第70条第1項第7号，第14条第1項
〔法定刑〕
　3年以下の拘禁刑若しくは300万円以下の罰金，併科規定有

【主　体】　寄港地上陸許可を受けた外国人
【行　為】　許可期間（72時間）内に本邦から出国していないこと

◆◆解説・検討◆◆

　寄港地上陸の許可は，有効な旅券を所持する外国人乗客が，臨時観光，買物，休養等のため，乗っている船舶又は航空機が寄港した出入国港の近傍に72時間の範囲内で上陸することを希望する場合に，許可する制度である。
　寄港地上陸の許可の要件は，
①　有効な旅券を所持する船舶等の外国人乗客で，本邦を経由して本邦外の地域に赴こうとするものが
②　臨時観光，買物，休養等のため

③　乗ってきた船舶等の寄港した出入国港から出国するまでの間72時間の範囲内で

④　その出入国港の近傍に上陸することを希望する場合

に入国審査官が付与する。

「本邦を経由して本邦外の地域に」と規定しているので，本邦を最終目的地とする外国人又は比較的長期間の本邦滞在を目的とする外国人は寄港地上陸の許可の対象とはならない。

また，寄港地上陸の許可の申請は外国人本人ではなく，外国人が乗ってきた船舶等の長又はその船舶等を運航する運送業者によって行われる。この申請は，代理申請ではなく運送業者等の責任と権限において行われるものと解されている。

寄港地上陸の許可は，入国審査官が外国人の所持する旅券に寄港地上陸許可の証印をすることによって行われる。

寄港地上陸後の不法残留事案にあっては，寄港地上陸許可証印をした出入国港を管轄する出入国在留管理庁に照会する必要があるので注意を要する。不法残留事案が多発した当時は，寄港地上陸許可を悪用し，許可を受けた後72時間以内に出国することなく，そのまま本邦にとどまり不法に就労していた事例が多く存在した。

 取調べ事項

⑴　被疑者の人定特定

　　旅券，身分証明書等によりその者が外国人であることを特定

⑵　当初から本邦を最終目的地としていたのではないか

　　「道に迷った。」，「乗り遅れた。」等の主張がなされた場合には，道を尋ねたり，航空会社あるいは出入国在留管理庁に相談などをした事実の有無

⑶　許可期間内に出国しなかった理由

　　・日本での稼働が目的　等

128 4 不法残留罪

4 寄港地上陸許可制度があることを知った経緯
ブローカーの介入はないか

5 居住・稼働場所，時期，職種等の特定

Comment 入管法第15条では，通過上陸の許可を規定している。
通過上陸の許可には，臨時観光のための通過上陸の許可と周辺上陸
のための通過上陸の許可の2種類があり，要件的にみると次のとおりである。

臨時観光　15条1項	周辺上陸　15条2項
①　有効な旅券を所持する船舶の外国人乗客	①　有効な旅券を所持する船舶等の外国人乗客で，本邦を経由して本邦外の地域に赴こうとするもの
②　乗ってきた船舶が本邦にある間（15日を超えない範囲：入管法施行規則14条5項）	②　上陸後3日以内
③　臨時観光のため ④　その船舶が寄港する本邦の他の出入国港でその船舶に帰船しようとして通過することを希望する場合	③　入国した出入国港の周辺の他の出入国港から他の船舶等で出国しようとして通過することを希望する場合
※　船舶に乗っている外国人乗客に限定。航空機の外国人乗客は対象とはならない。また，外国人乗客が乗ってきたのと同一の船舶に帰船して出国する場合に限定。	※　船舶で入国して最寄りの空港から航空機で出国しようとするとき，航空機で入国して最寄りの港から船舶で出国しようとするとき，又は空港（港）から入国して最寄りの空港（港）から他の航空機（船舶）で出国しようとする場合

＜臨時観光のための通過上陸の許可＞
　臨時観光のための通過上陸の許可とは，例えば乗ってきた船舶が博多港，大阪港，横浜港に寄港する便と想定する。
　当該船舶が博多港に寄港した際に，当該船舶の外国人乗客が，最終寄港地である横浜港まで陸路で名所巡りをしたいという場合もあり得る。このような観光目的の外国人乗客に対して付与されるのが臨時観光のための通過上陸の許可である。奈良・京都・大阪・東京等を観光し，乗ってきた船舶が出港するまでに帰船すればよく，乗ってきた船舶と同一の船舶で出国することが許可の条件となっている。その船舶が日本にある間と規定されているが，入管法施行規則により15日を超えない範囲で入国審査官が付与することとされている。なお，15日以内に出国しなければ不法残留の罪に問われることになる。
　また，入管法第15条第2項の周辺上陸の許可については上陸後3日以内という制限が設けられており，この期間内に出国しなければ不法残留の罪に問われることになる。

●乗員上陸許可後の不法残留（入管法70条1項7号，16条1項）

〔被疑事実〕
　被疑者は，○○国の国籍を有する外国人であり，令和○年○月○日○○所在の○○港に入港した○○国船籍○○号の乗員であるが，同日，入国審査官から○月○日までを上陸許可期間とする乗員上陸許可書の交付を受け，そのころ，同港から本邦に上陸したのに，前記許可期間内に本邦から出国せず，令和○年○月○日まで○○などに居住し，もって当該許可書に記載された期間を経過して不法に本邦に残留したものである。
〔罪名及び罰条〕
　出入国管理及び難民認定法違反　同法第70条第1項第7号，第16条第1項
〔法定刑〕
　3年以下の拘禁刑若しくは300万円以下の罰金，併科規定有

【主　体】　乗員上陸許可を受けた外国人である乗員
【行　為】　許可期間（15日）内に本邦から出国していないこと

◆◆解説・検討◆◆

　船舶等の乗員である外国人については，乗員の国際間の移動の円滑化を図るため簡易に上陸を認めるのが国際慣行となっている。
　乗員上陸の許可は，船舶等の外国人乗員が船舶等の乗換え，休養，買物等のため15日を超えない範囲内で上陸を希望する場合に，入国審査官が付与することとされている。
　入管法第16条第1項では，乗員上陸許可（1回限りの乗員上陸許可）の要件について定めている。条文を分解して検討すると，
　①　有効な乗員手帳を所持する外国人乗員（本邦において乗員となる者を含む。）が
　②　船舶等の乗換え（船舶等への乗組みを含む。），休養，買物その他これらに類する目的をもって
　③　15日を超えない範囲内で上陸を希望する場合
に入国審査官が付与することとされている。

●数次乗員上陸許可後の不法残留（入管法70条1項7号，16条2項1号（2号））

〔被疑事実〕
　被疑者は，○○国の国籍を有する外国人であり，本邦と○○国との間の航路に定期的に就航し，かつ，令和○年○月○日○○所在の○○港に入港した○○国船籍○○号の乗員であるが，入国審査官から令和○年○月○日から○年○月○日までの1年間数次にわたり同船が本邦にある間上陸することができる数次乗員上陸許可書の交付を受け，令和○年○月○日ころ，前記○○港から本邦に上陸したのに，同船が○（同）月○日に○○市○○所在の○○港から○○国へ向けて出港した後も本邦から出国せず，○年○月○日まで東京都内等に居住し，もって当該許可書に記載された期間を経過して不法に本邦に残留したものである。

〔罪名及び罰条〕
　出入国管理及び難民認定法違反　同法第70条第1項第7号，第16条第2項第1号

〔法定刑〕
　3年以下の拘禁刑若しくは300万円以下の罰金，併科規定有

【主　体】　数次乗員上陸許可を受けた外国人である乗員
【行　為】　許可期間（船舶の場合は当該船舶が本邦にある間，航空機の場合は15日）内に本邦から出国していないこと

◆◆解説・検討◆◆

　本事例は，実務上「脱船逃亡」と呼称されている。
　入管法第16条第2項では，数次乗員上陸許可の要件について定めている。数次乗員上陸許可は，外国人乗員の出入国の利便と上陸手続の簡素化・合理化を図る見地から一定の外国人乗員に対し，1年間数次にわたりその上陸を許可するものである。
　この許可については，船舶の場合と航空機の場合とで要件が異なっており，詳細は次表のとおりである。

船舶の場合	航空機の場合
① 本邦と本邦外の地域との間の航路に定期的に就航する船舶その他頻繁に本邦の出入国港に入港する船舶の外国人乗員が	① 本邦と本邦外の地域との間の航空路に定期的に航空機を就航させている運送業者に所属する外国人乗員が
② 許可を受けた日から1年間，数次にわたり	② 許可を受けた日から1年間，数次にわたり，その都度同一の運送業者の運航する航空機の乗員として同一の出入国港から出国することを条件として
③ 休養，買物その他これらに類似する目的をもって当該船舶が本邦にある間上陸を希望する場合	③ 休養，買物その他これらに類似する目的をもって本邦に到着した日から15日を超えない範囲内で上陸を希望する場合

　このように，船舶の場合と航空機の場合とに分けて規定されているが，その理由は，船舶に乗り組む乗員と航空機に乗り組む乗員の勤務形態等の相違によるものとされている。要件等の相違点としては次のようなことがある。
① 上陸許可の対象となる乗員
　船舶の場合　→　定期的に就航する船舶その他頻繁に本邦の出入国港に入港する船舶の乗員で，その船舶に乗り組んでいる者に限る。
　航空機の場合　→　定期的に航空機を就航させている運送業者に所属する乗員で，同一の運送業者が運航する航空機で出入国する者が対象となる。
② 出入国港について
　船舶の場合　→　本邦の指定された出入国港であれば，どこから出入国する乗員も対象となる。
　航空機の場合　→　乗ってきた航空機が入港した出入国港から出国する乗員に限られる。
③ 上陸期間について
　船舶の場合　→　乗ってきた船舶が本邦にある間
　航空機の場合　→　その乗員が本邦に到着した日から15日を超えない期間

Comment　数次乗員上陸許可を受けている外国人乗員が上陸拒否事由（入管法5条）に該当する場合には，1回限りの乗員上陸の許可及び数次乗員上陸の許可のいずれも与えられない。

数次乗員上陸許可を受けた後に上陸拒否事由に該当することとなった場合，入国審査官は直ちに数次乗員上陸許可を取り消すものとし，以後の乗員上陸を認めないとされている。

数次乗員上陸許可を取り消された者は，入国審査官から帰船又は出国するために必要な期間を指定される。この期間内に帰船し又は出国しなかった場合には，「数次乗員上陸許可取消後の不出国の罪（入管法70条1項7号の3，16条9項）」に該当することになる。

以下に被疑事実を例示する。

被疑者は，○○国の国籍を有する外国人で，○○国船籍○○号の乗員であり，令和○年○月○日，入国審査官から数次乗員上陸許可を受けて，○○所在の○○港に上陸して本邦に入った者であるが，令和○年○月○日，入国審査官から前記数次乗員上陸許可を取り消され，帰船又は出国するために必要な期間として同月○日午後○時○分までの指定を受けたにもかかわらず，前記指定期間内に帰船し又は出国しなかったものである。

数次乗員上陸許可書の有効期間については，発行日から1年間とされている。また，「当該船舶が本邦にある間」の解釈については，本邦と本邦外との間の航路を定期的に就航する船舶が日本の港数か所に寄港して本邦外に出港する場合，最終寄港地までが本邦にある間と解釈されている。

<「船舶が本邦にある間」の起算方法>

「船舶が本邦にある間」が問題となるケースとして，例えば○○号が日本のA港に入港し，B港，C港に寄港して最終寄港地がD港と想定する。

船舶がB港に入港した際，乗員Yは観光などのため上陸し，そのまま日本国内に滞在していた。この場合，不法残留の始期が問題となるが，出国港である最終寄港地のD港から○○号が○○国へ向けて出港したその翌日が不法残留期間の起算日となる。Yが上陸した時点ではその船舶はその後C港，D港に寄港しておりいまだ出港していないので，本邦にある間に該当することから，Yが上陸した時点を起算日として捉えることは誤りである。

Comment 乗員上陸の際，これまでは乗員上陸許可書を所持していれば事足りていたが，乗員上陸許可書には顔写真の貼付がなく，その所持人の同一性確保の問題があった。その後入管法が改正され，乗員上陸許可書のほか乗員手帳又は旅券（パスポート）の携帯が義務付けられた（入管法23条1項4号）。

旅券又は乗員手帳，乗員上陸許可書を携帯していなかった場合には，旅券不携帯等の罪が成立する場合もあり得る。

捜査上の留意事項

(1) 乗員上陸許可申請は船舶等の長又は運送業者から入国審査官に対してなされ，乗員が個別的に申請するものではない。許可書の交付は船舶等の長又は運送業者に交付し，その時点で乗員の上陸許可の効力が発生する。

(2) 脱船逃亡の場合，又はその船舶が日本の港数か所に寄港して本邦外に出る場合，最終寄港地までが本邦にある間と解される。

(3) 脱船逃亡の事実
　通常は，出港時に船長等から入国審査官（出国港所管）宛に，乗員で本船に復船しない者の氏名等が届けられている。

 取調べ事項

1　被疑者の人定特定
　乗員手帳等によりその者が乗員であることを特定

2　脱船逃亡を計画した動機，理由及びその時期
　乗員上陸許可を受け日本を観光したが，日本で働きたいと思った等その動機を明確にする。

3　いつ脱船逃亡を計画したのか，仲間はいなかったのか
　最初の航海時か数回目の航海時か
　→数回航海後とした場合，なぜその時期か

4　どこの港で上陸したのか，最終目的地はどこか
　例えば，門司港，名古屋港，横浜港に寄港したと仮定し，名古屋港で脱船した場合，なぜ名古屋港なのかその場所を選択した理由付け
　　→例えば「友達が名古屋の○○で働いており，前もって連絡を取り合い○○で落ち合う約束をしていたから」など，その者しか語り得ない状況を詳細に録取する必要がある。

5 乗員上陸許可書，乗員手帳又は旅券携帯の有無

「船長に上陸許可書を渡してほしいと話したが断られた。」等の主張も考えられるが，乗員上陸許可申請は船長又は運送業者からなされるので，このような場合は，出入国在留管理庁に確認する必要がある。

6 上陸後，目的地までの交通手段，出迎えの有無

7 船舶がいつ，どこの港から出港する予定であったかその認識

「出港するまでには船に戻るつもりでいた。」等の主張も考えられるが，なぜ帰船しなかったのか等理由を具体的に聴取する必要がある。

8 日本での稼働状況
- 1 稼働先，収入，生活状況など
- 2 本国送金の有無，地下銀行利用の有無

 銀行法違反，不法就労助長罪の立件を視野に

5
不法在留罪

想定事例

　夜更けの街を二人の警察官MとYがパトロールしていた。Yはベテランの警察官である。前方のビルの角から2つの人影が現れた。人影は警察官がいる方向に曲がろうとしていたが，警察官の姿を見るとやにわにその場から逃げ出した。Yが「様子がおかしい。追うんだ。」と早口で言い，2つの人影に向かって駆け出し，追いつき「ちょっといいですか。今からどちらに行かれるのですか。」と声を掛けた。「…仕事の帰り。」とだけ答えたが発音に違和感があり，彼らが外国人ではないかと感じ「どこの国の方ですか。」「…F国。」「外国の方ならパスポートか在留カードを見せてください。」とパスポートの提示を求めたが，2人とも「パスポートもカードも持っていない。」と答えた。警察官がT警察署まで同行を求めると素直に応じた。2人がF国出身者というのでF国語の通訳人を手配し，通訳人の到着後，通訳によって確認したが，A，Bともに旅券は持っていない，在留カードもないことが判明した。出入国在留管理庁に出入国状況の照会をしたが該当者なしとの回答を得た。2人とも「2年前にF国から船で日本に来た。」と答えている。

136　5　不法在留罪

Q　この場合，A，Bはいかなる刑責を負うか。

A　不法在留罪（入管法70条2項〔1項1号〕，3条1項1号）の刑責を負う。

――――――■　根　拠　条　文　■――――――

入管法第70条第2項
　前項第1号又は第2号に掲げる者が，本邦に上陸した後引き続き不法に在留するときも，同項と同様とする。
罰則：入管法第70条第1項
　3年以下の拘禁刑若しくは300万円以下の罰金，併科規定有

【主　体】・有効な旅券を所持しない外国人（有効な乗員手帳を所持する乗員を除く。）
　　　　・入国審査官から上陸の許可等を受けないで本邦に上陸する目的を有する外国人
　　　　・入国審査官から上陸の許可等を受けないで本邦に上陸した外国人
【行　為】本邦に上陸後，引き続き本邦に在留した

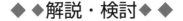

 本罪の趣旨

　不法在留罪（入管法70条2項）は，平成11年の入管法改正で新設されたものであるが，その理由は次のとおりである。
　平成11年頃から，我が国での不法就労活動を目的として船舶により集団密航するなどし，その後我が国に不法在留している不法入国者や不法上陸者が激増しており，その不法在留行為は，適正な出入国管理の実施を妨げているのみならず，我が国の社会・経済・治安に悪影響を及ぼしている。しかし，改正前の入管法においては，在留期間を経過して不法に残留する行為に対する罰則（不法残留罪）は存在したが，不法入国又は不法上陸後に引き続き我が国に不法に在留する行為を直接の処罰対象とする罰則は設けられておら

ず，不法在留期間が３年を超えた場合には，公訴時効により不法入国罪又は不法上陸罪の刑事責任を問えなくなるなどその取締りに支障が生じていた。これに対処するため，不法在留行為を不法入国罪，不法上陸罪とは別に新たな処罰の対象とすることとした。

 用語の意義

「本邦に上陸した後引き続き在留するとき」とは

上陸行為をした直後の本邦における滞在行為は，上陸行為に当然随伴するものであるので，不法在留罪の「在留」には当たらない。不法上陸後，時間的・空間的関係の推移変動により，社会通念に照らして本邦における滞在が不法上陸とは別個独立の行為と認められるに至ったときに「在留」が開始されると解されている。具体的には，事案に応じ，上陸後の時間的経過，場所的移動及び滞在の態様の変化等を総合的に考慮してその始期を判断することになる。

Comment ◆ 「不法残留」と「不法在留」の違い

	不 法 残 留	不 法 在 留
前提	・正規入国（有効な旅券を所持，入国審査官の上陸許可証印有）等	・有効な旅券，乗員手帳などを所持しないで本邦に入国するなど（入管法70条1項1号，3条1項） ・入国審査官から上陸の許可等を受けないで本邦に上陸（入管法70条1項2号） ※**偽変造旅券**（真正な他人名義の旅券に自己の写真を張り付ける場合も含む。）は有効な旅券ではなく，不法入国に該当（乗員手帳につき：福岡高判昭32．3．29高検速報（昭32）666）
行為	残留 在留期間の更新又は変更を受けないで本邦に残留すること（入管法70条1項5号）	在留 本邦に不法上陸後引き続き在留を継続すること（入管法70条2項）

擬律判断

　外国人が有効な旅券を所持しながら，他人名義の偽造旅券を利用して上陸したり，密航船で密入国する事案における不法在留罪の主体について，

① 「入国審査官から上陸の許可等を受けないで本邦に上陸する目的をもって本邦に入った者（入管法3条1項2号）」

② 「入国審査官から上陸の許可等を受けないで本邦に上陸した者（入管法70条1項2号）」

のいずれを適用すべきかが問題となり得る。

　不法在留罪の主体は「前項第1号又は第2号に掲げる者」である。

　「前項第1号に掲げる者」とは，「第3条の規定に違反して本邦に入った者」であり，これには，「有効な旅券を所持しないで本邦に入った者（有効な乗員手帳を所持する乗員を除く。）」と「入国審査官から上陸の許可等を受けないで本邦に上陸する目的をもって本邦に入った者」とに区別される。

　「前項第2号に掲げる者」とは，「入国審査官から上陸の許可等を受けないで本邦に上陸した者」をいう。

　このようなケースでは，不法上陸目的で不法入国した後，引き続いて不法上陸しているのであるから，法的に評価すれば，入管法第70条第1項第1号，同法第3条第1項第2号の不法入国罪が成立し，引き続き，同法第70条第1項第2号の不法上陸罪が成立し，さらに同法第70条第2項の不法在留罪が成立していると考えられる。したがって，不法在留罪の主体について条文の規定振りに即して解すれば，本邦の領域に入るに当たって初めから不法上陸する目的を有している場合には，不法上陸目的の不法入国が成立するのであるから，これに該当するものとし，一方で，例えば船員が乗員上陸許可を受けて上陸しようと思って入国したものの，乗員上陸許可が得られそうにないことから脱船した場合，あるいは，正規の旅券で空港まで来て，寄港地上陸許可を得ようと思っていたが，空港のゲートをすり抜けた場合など，本邦に入国するに当たって不法上陸の目的が認められないような事案については，不法上陸者に当たるとして構成することが実務の取扱いとされている。

以下に被疑事実の例示を掲げる。

<入国審査官から上陸の許可等を受けないで本邦に上陸する目的の場合>

〔被疑事実〕
　被疑者は，〇〇国の国籍を有する外国人であり，入国審査官から上陸の許可等を受けないで本邦に上陸する目的で，平成〇年〇月〇日頃，〇〇国から船舶（航空機）で本邦の港（海岸，空港）に到着した者であるが，その頃同所に上陸した後引き続き令和〇年〇月〇日までの〇年以上〇〇内などに居住するなどし，もって引き続き（平成12年2月18日から）不法に在留したものである。
〔罪名及び罰条〕
　出入国管理及び難民認定法違反　同法第70条第2項〔1項1号〕，第3条第1項第2号
〔法定刑〕
　3年以下の拘禁刑若しくは300万円以下の罰金，併科規定有

<入国審査官から上陸の許可等を受けないで本邦に上陸した場合>

〔被疑事実〕
　被疑者は，〇〇国の国籍を有する外国人であるが，平成〇年〇月〇日頃，同国政府発行の旅券を所持し，〇〇国から船舶（航空機）で本邦の港（海岸，空港）に到着し，その頃入国審査官から上陸の許可等を受けないで本邦に上陸した者であるが，前記上陸後引き続き令和〇年〇月〇日までの〇年以上〇〇内などに居住するなどし，もって引き続き（平成12年2月18日から）不法に在留したものである。
〔罪名及び罰条〕
　出入国管理及び難民認定法違反　同法第70条第2項〔1項2号〕
〔法定刑〕
　3年以下の拘禁刑若しくは300万円以下の罰金，併科規定有

※平成12年2月18日は，不法在留罪の施行日であり，これより以前から不法滞在していた者に対しては，同日以降の在留が不法在留に当たるという趣旨である。

 捜査上の留意事項

(1) 不法入国・不法上陸に引き続いて本邦に在留していることを特定する。
(2) 不法入国者である場合は，出入国在留管理庁に出入国歴を照会・確認する。不法上陸者である場合は，乗員上陸許可を受けていないことなどを確認する。

取調べ事項

1 被疑者の人定特定

　本国から取り寄せた身分証明書，出生証明書等からその者が外国人であることを特定する。

2 不法入国・上陸，不法在留の目的・動機

── 1　なぜ日本に不法入国・上陸し，不法在留していたのか
　　→その目的地として選択した理由
　　　・他の国ではだめか
── 2　金を稼ぐ目的
　　→誰からどのような話を聞いていたのか
　　　・日本で働けば本国の数倍もの金を手にすることができると言われたなど，日本を選択した経緯などを明確にする。

3 日本に行くことを家族と相談したか

・「アメリカに行くと言っていた夫が日本への難民に紛れていたのをニュースで知った。」等の話もある。

取調べ事項　　141

4 旅券取得の有無

─ 1　旅券がある場合
　　→どこから入手したのか
　　　・ブローカーと言われたら，そのブローカーを知った経緯
　　　・ブローカーに支払った金額，準備したものは何か（例えば写真2枚
　　　　など）
　　→支払った金の出所はどこか
　　　・友人・知人からの借金，高利貸しからの借金，田畑を売却，漁船を
　　　　売却など
　　→旅券確認の有無
　　　・写真は自分であるが名前は全く知らない人など
　　　・旅券を受け取るまでの期間
─ 2　旅券がない場合
　　→船での密航
　　　・費用はいくらか，その費用の捻出はどうしたのか
　　　・出港した港・日時の記憶はあるか
　　→日本に到着した日時の理解と記憶
　　　・なぜその頃といえるか（故意に入国年月日を少なく話す者もいるた
　　　　め）

5 不法在留に至る経緯・犯行状況

─ 1　本国出国の際の手続の詳細
─ 2　上陸を拒否されたらどのようにしようと思っていたのか
─ 3　上陸に成功した場合，いつまで日本に滞在するつもりだったのか
　　→例えば，「いくら稼ぐまで」「警察や入管に捕まるまで」など具体的に
　　　聴取する。

6 稼働の実態

　　どこで，どのような職種に就いていたのか，収入はいくらか

7 本国送金の有無

　　送金額を問われると，不法に稼働していたのでその金額を没収される
のではないかと考え，金額を供述しない者もいる。

不法在留者を雇用していた者は不法就労助長罪の立件も視野に，地下銀行で送金の場合は送金請負者は銀行法違反での立件も視野に

6 集団密航助長罪

想定事例

　Aは、○○船籍の貨物船○○号の船員であるが、ある日同船船長のYから呼び出され「この船に密航者をかくまっていると聞いたが本当か。」と問いただされた。Aは、素直に事実を認め、今後は船長の力も借りたいと思い、「船長目をつぶってください。船長の力を貸してください。船長にも謝礼を払います。会社から貰う給料が少なく、生活費の一部や遊ぶ金などが欲しくて以前から他の乗組員も一緒になって、密航者を運んでいました。」と打ち明けた。Yはしばし考えた末、「謝礼」に目がくらみ、やむなしとの判断を示し、これを了承した。令和○年○月上旬頃、○○国○○港において、○○国の国籍を有する外国人であるXほか○名らの集団密航者を上記貨物船に乗船させ、同貨物船船首部甲板倉庫床下にかくまって自己の管理下に置いた上、同港から本邦に向けて出港した。同月○日○時○分頃、○○所在の○○灯台から真方位310度約27.5海里付近海域において本邦領海内に入らせ、その後も航行を続け、上陸の場所である○○○○地先○○係船桟橋に向けて輸送し、同月○日○時○分頃、上記貨物船を上記桟橋に接岸させて、順次上記Xらの集団密航者を上陸させた。

144　6　集団密航助長罪

Q この場合，Aはいかなる刑責を負うか。

A 集団密航助長罪（入管法74条2項〔1項〕，74条の2第2項〔1項〕）の刑責を負い，Yと共犯関係にあるので刑法第60条が適用される。

―――――――■ 根 拠 条 文 ■―――――――

入管法第74条第1項・第2項
1　自己の支配又は管理の下にある集団密航者（入国審査官から上陸の許可等を受けないで，又は偽りその他不正の手段により入国審査官から上陸の許可等を受けて本邦に上陸する目的を有する集合した外国人をいう。以下同じ。）を本邦に入らせ，又は上陸させた者は，5年以下の拘禁刑又は300万円以下の罰金に処する。
2　営利の目的で前項の罪を犯した者は，1年以上10年以下の拘禁刑及び1,000万円以下の罰金に処する。

入管法第74条の2
1　自己の支配又は管理の下にある集団密航者を本邦に向けて輸送し，又は本邦内において上陸の場所に向けて輸送した者は，3年以下の拘禁刑又は200万円以下の罰金に処する。
2　営利の目的で前項の罪を犯した者は，7年以下の拘禁刑及び500万円以下の罰金に処する。

【主 体】 集団密航者を自己の支配又は管理の下に置く者
【行 為】 本邦に入らせ，又は上陸させた

関連犯罪

態　様	適用条文
① 自己の支配又は管理下にある集団密航者を本邦に入らせ，又は上陸させた罪	74条1項（2項で営利目的を加重，3項で未遂罪を規定）
② 自己の支配又は管理下にある集団密航者を本邦に向けて輸送し，又は本邦内において上陸の場所に向けて輸送した罪	74条の2第1項（2項で営利目的を加重）
③ 74条1項，2項，74条の2の罪を犯す目的で船舶等を準備，提供した罪	74条の3
④ 74条1項，2項の罪を犯した者から，上陸させた外国人（集団密航者）の全部若しくは一部を収受し，又は収受した外国人（集団密航者）を輸送，蔵匿，隠避させた罪	74条の4第1項（2項で営利目的を加重，3項で未遂罪を規定）

| ⑤ 74条の4第1項，2項の罪を犯す目的で，その予備をした罪 | 74条の5 |

◆◆解説・検討◆◆

本罪の趣旨

　平成9年の入管法改正により，集団密航に係る罪として入管法第74条から第74条の5までが整備された。

　この罪は，集団密航者が日本に向かって外国内での移動を開始してから日本に入り込み潜在するまでの間に，密航ブローカーらが関与する行為を段階的に独立した犯罪類型として規定している。

　その背景としては，集団密航事件において，国内外の密航ブローカーら及びこれと結託した日本の暴力団員らが密航者の募集，出発国内での密航者の輸送，出発国の海岸から日本に向けての輸送，日本に入った密航船から上陸場所までの輸送，上陸場所での受取り，上陸場所から隠れ家までの輸送といった一連の行為を分担して行うことが少なくなく，そのように分担して行われた行為をそれぞれ捕捉し得る罰則を整備しておかなければ，このような事案に対する的確な処罰の確保が困難となる事情が存在していたからである。

＜イメージ＞

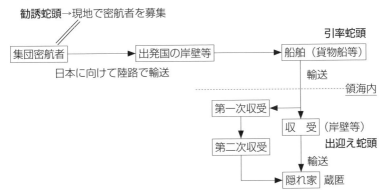

用語の意義

1 「集団密航者」とは

「集団密航者」とは，
① 入国審査官から上陸の許可等を受けないで，又は
② 偽りその他不正の手段により入国審査官から上陸の許可等を受けて
本邦に上陸する目的を有する集合した外国人をいう。

(1) 「入国審査官から上陸の許可等を受けないで本邦に上陸する目的」とは

同目的には，
① 入国審査官から外形的にも上陸の許可等を受けない場合
例えば，密航船で本邦に来て出入国港以外の場所から上陸する場合や，入国審査官の目を盗んで出入国港の審査ブースをすり抜ける場合が想定される。
② 入国審査官から外形的には上陸の許可等を受けるが，要式行為とされているその許可が，法律の定める方式に従っていないため，当然無効又は不存在とされる場合
例えば，偽造旅券上に上陸の許可の証印を受ける場合等が想定される。
③ 入国審査官から外形的には上陸の許可等を受けるが，その名宛人となっていない場合
例えば，入国審査官に他人名義の乗員手帳を示して乗員上陸許可書の交付を受ける場合等が想定される。
が該当し，上陸の許可等の前提要件である有効な旅券をそもそも所持していない場合も含まれる。

(2) 「偽りその他不正の手段により入国審査官から上陸の許可等を受けて本邦に上陸する目的」とは

一旦得ればその「上陸の許可等」は有効であるものの，その当時事情が判明していたとしたならばその上陸の許可を受けることができないのに，その事情を隠すなどして許可を受け上陸する目的をいうと解されている。

例えば，

① 偽造の査証（ビザ）を使用して上陸許可を受けた場合

② 内心は不法就労目的や犯罪目的等，在留資格に該当しない活動を行うことを意図して上陸しようとするのにもかかわらず，在留資格に係る活動を行う旨の虚偽の申請により上陸許可の証印を受けた場合

③ 偽造再入国許可証印を押捺した真正旅券を使用し，再入国専用の上陸許可の証印を受けて上陸した場合

④ 特例上陸許可のそれぞれの要件に該当していないのにもかかわらず虚偽の申請をし，偽造又は虚偽の文書を提出して特例上陸許可を受けた場合

⑤ 実質的には乗員ではないにもかかわらず乗員と偽って乗員上陸許可を受けた場合

等がこれに当たると解されている。

入国審査官から外形的に上陸の許可等を受ける場合は，②又は③の類型に該当しない限り許可に瑕疵があってもその許可が取り消されるまでは有効であるので「入国審査官から上陸の許可等を受けないで」には該当しないと解されている。

(3) 「集合した外国人」とは

一定の場所に2人以上の外国人が集まっている状態をいい，密航者が自発的に集まったのか他の者が集合させたのかは問わないとされている。

2 「自己の支配又は管理の下に置く」とは

指示，従属関係それに至らない管理関係により，集団密航者の意思・行動に影響を及ぼすことができる状態を指すとされている。

3 「本邦に入らせ，又は上陸させた」とは

「本邦に入らせ，又は上陸させた」とは，自己の支配又は管理の下で集団密航者を本邦に入国させ又は上陸させたという意味であり，「させた」といえる程度の主体的・積極的な行為により入国又は上陸の結果が生じたことが必要と解されている。

「本邦に入らせ」の具体例としては，船舶に集団密航者を乗せて本邦の

領海内まで運ぶ行為がその典型であり,「本邦に上陸させ」の具体例としては,集団密航者を小船で岸壁まで運んで降ろす行為,コンテナ内に潜ませた集団密航者を接岸した貨物船からコンテナごと陸揚げする行為,密航者に対し,偽造又は不正取得した旅券等の文書を交付し,上陸審査時の対応について具体的な指示を与え,更には口添えする等してブースを通過させる行為等が考えられる。

集団密航者を運んできた者が「入らせた」行為に引き続いて「上陸させた」行為をした場合は,「入らせた罪」と「上陸させた罪」の包括一罪と解されている。

 検 討

密航ブローカーがあっせんする日本への密航ルートは大きく分けて3つに分けることができる。

1つ目は,偽造旅券を使い第三国を経由しての不法入国である。短期間数か国を観光したかのように装い,日本の査証(ビザ)を取得して不法入国する場合が多い。外形的には正規な入国にみえるが,偽造旅券を用いているので不法入国となる。

2つ目は,自国から正規な旅券の発給を受け,観光ビザを取得して第三国に入国し,その国において書類などを偽造あるいは不正に入手し,その国の国籍を取得したかのように装ってその国の正規な旅券の発給を受け,その旅券を使用して日本に入国する方法である。この場合,正規に発給を受けた本国の旅券はブローカーに売却する等の場合が多く見受けられる。

そして3つ目が,集団密航者を本邦に入国又は上陸させるために最も行われている,旅券も書類もいらない船舶等を使っての不法入国である。

1 集団密航者を本法に入らせ又は上陸させる罪(入管法74条)

入管法第74条は,不法就労を目的として近隣諸国から何十人単位の集団密航者が,集団密航を組織し援助する蛇頭等の国際犯罪組織の介在の下に相次いで我が国に押し寄せてきている昨今の状況に対処するため,組織的に集団密航を援助する者の中で中心的な役割を果たす「集団密航者を本邦

検討　149

に入らせ又は上陸させた者」を処罰の対象として規定されている。

　具体的には，前「用語の意義」3中の行為等を処罰しようとするものである。

擬律判断

　密航の手段・方法が多様化しており，実務上，密航を助長する犯罪組織関係者が，密航希望者に対してあらかじめ偽造又は不正に入手した旅券や査証等を手交した上，これらの者を引率し航空機により本邦に入国・上陸させる事例も散見される。このような事案にも船舶密航の激増を背景として全部改正された入管法第74条の罪の適用があるのかが問題となる。しかし，その一事をもって航空機による引率密航についてその成立を否定することは相当ではなく，この種の事案にあっても，密航者の集団性及びこれが犯人の支配又は管理下にあったことが認められる限り，成立を認めるべきであるとした下級審裁判例がある（金沢地判平10.2.18公刊物未登載）。

＜集団密航者が被疑者の支配又は管理下にあったかの判断要素＞

① 集団密航者に渡航歴がなく，あるいは本邦内での稼働先や居住先を知らされていないこと等の理由から，集団密航者が自力で本邦内の目的地に行くことができず，引率が不可欠であるか否か

② 引率者が航空機内で集団密航者に随行し，集団密航者の言動に具体的な指示を与えているかどうか

③ 引率者が偽造旅券や航空券を準備しているかどうか

④ 上陸審査の際にどのような対応をするかなどについて具体的な指示を与えているかどうか

　・例えば，入国審査官との想定質問を訓練する等も考えられる

⑤ 引率者が上陸審査の際に，集団密航者に何らかの口添えをしたかどうか

⑥ 引率者が集団密航者の稼働先や居住先を案内又は紹介することになっていたかどうか

これらの諸事情を総合して判断することになると思われる。

以下に被疑事実の例示を掲げる。

＜航空機を利用した事案→事実構成＞

〔被疑事実〕

　被疑者は，○○らと共謀の上，営利の目的で，○○国籍を有する外国人で入国審査官から上陸の許可を受けないで本邦に上陸する目的を有する○○等３名を引率して，本邦における不法就労先の関係者に引き渡すため，令和○年○月○日，○○国○○空港において，日本国政府発行の旅券として偽造された文書，同空港から本邦の○○空港までの航空券各１通を同人らに提供するなどして自己の支配下に置き，同人らに代わって搭乗手続をした上，同人らを引率して航空機に搭乗して本邦に向けて出発し，同日，同人らを○○市所在の○○空港に到着させて本邦に入らせ，同人らに，上陸審査に際し前記偽造旅券を入国審査官に提示させて本邦に上陸させ，もって自己の管理下にある集団密航者を本邦に入らせ，更に上陸させたものである。

〔罪名及び罰条〕

　出入国管理及び難民認定法違反　同法第74条第２項〔１項〕，刑法第60条

〔法定刑〕

　集団密航助長罪（入管法74条１項）：５年以下の拘禁刑又は300万円以下の罰金

　営利目的集団密航助長罪（入管法74条２項）：１年以上10年以下の拘禁刑及び1,000万円以下の罰金

2　集団密航者の輸送等の罪（入管法74条の２）

　入管法第74条の２は，「集団密航者を本邦に向けて輸送し，又は本邦内において上陸の場所に向けて輸送した者」を処罰の対象としている。

　具体的には，外国で集合している集団密航者を陸路で出発地の海岸まで運ぶ行為，集団密航者を出発地の海岸から本邦へ向かう密航船まで運ぶ行為，本邦内に入った密航船から集団密航者を受け取って上陸の場所まで運ぶ行為等を処罰しようとするものである。

(1)　集団密航者を本邦に向けて輸送する罪

　本罪は，自己の支配又は管理下にある集団密航者を，本邦外の場所から本邦に向けて運ぶことによって成立する。「向けて」とは，目的地が本邦であることを意味し，第三国経由で運ぶ場合及び寄港地がある場合も含まれる。

(2)　集団密航者を本邦内において上陸の場所に向けて輸送する罪

　本罪は，本邦の領海内に入った集団密航者又は本邦の領海内で集合した集団密航者を，上陸の場所に向けて運ぶという意味であり，本邦の領

海外から運ばれてきた集団密航者を本邦の領海内で受け取って運ぶ行為も含まれると解されている。

領海線から直接上陸の場所まで運ぶ必要はなく，迂回したり途中で停泊したとしても，最終目的地が上陸の場所であれば足り，本邦の領海内で他の者に輸送を引き継いでも最終目的地が上陸の場所であることの認識があれば足りるとされている。

集団密航者を本邦内において上陸の場所に向けて輸送した者が引き続き本邦に上陸させた場合は，前条の「上陸させた」罪と本条の「上陸の場所に向けて輸送した」罪の包括一罪と解されている。

3　集団密航者収受罪（入管法74条の4）

入管法第74条の4は，「自己の支配又は管理の下にある集団密航者を本邦に上陸させた者からその外国人（集団密航者）を受け取り，又はその受け取った外国人を輸送し，かくまう等の行為をした者」を処罰の対象としている。

具体的には，集団密航者を上陸地点で出迎えて引き継ぐ行為，ワゴン車，保冷車，公共交通機関等を利用して受け取った外国人を輸送し又は引率する行為，受け取った外国人に隠れ家としてマンション，倉庫，アパートなどを提供する行為等を処罰しようとするものである。

集団密航事犯においては，本邦外から集団密航者を本邦内に運び上陸させる部分（集団密航をさせる行為）と，上陸した集団密航者を受け取りかくまう部分（いわゆる受け皿行為）とが結び付いた形で行われ，受け皿行為の成功の時点で密航者から密航ブローカーに手数料が支払われるという実体がみられる。

同法第74条の4第1項前段は，「第74条第1項又は第2項の罪を犯した者からその上陸させた外国人の全部若しくは一部を収受し，又はその収受した外国人を輸送し，蔵匿し，若しくは隠避させる」行為を処罰することとしている。

「収受」とは，同法第74条第1項又は第2項の罪を犯した者から，その者の支配又は管理の下に本邦に上陸させた集団密航者を，その支配又は管理を引き継ぐ状態で受け取ることをいう。同法第74条第1項又は第2項の

罪を犯した者から収受した者（第一次の収受者）のほか，収受が順次繰り返される第二次以降の収受者を含む趣旨とされている。収受が連鎖的に何回も繰り返された場合，そのうちのいずれかの収受行為をした者は，全て「これを収受した者」に該当する。

「輸送」とは，車両，船舶，航空機等で運ぶこと，「蔵匿」とは，発見を免れるべき隠匿場所を提供してかくまうこと，「隠避」とは蔵匿以外の方法によって発見を免れるための一切の行為をいう。

蔵匿罪，隠避罪については，これらに該当する行為が刑法第103条の犯人蔵匿罪，犯人隠避罪にも該当することもあり得るが，その場合は，保護法益を異にするから両罪が共に成立し，観念的競合の関係に立つと考えられる。

また，この蔵匿罪，隠避罪に該当する行為が入管法第74条の8の罪（退去強制を免れさせる目的で，不法入国・不法上陸した者を蔵匿し，又は隠避させた罪）にも該当することもあり得るが，同法第74条の4第1項の罪は，いわゆる受け皿行為をした場合の特則と考えられるので，その重なる部分においてのみ成立することとなる。

> **Comment** ◆ 退去強制を免れさせる目的で，不法入国者・不法上陸者を蔵匿・隠避（入管法74条の8）の罪
> 　不法入国者・不法上陸者は，上陸後は在留資格なしで不法に在留するものであり，常に摘発される危険と背中合わせの生活を送ることになる。
> 　このような事情を背景に，集団密航者を組織的に援助する行為の一環として，密航ブローカー等が不法入国者・不法上陸者をかくまったり，偽造旅券等を提供して正規在留を装わせ，不当な利益を上げている実態もある。密航ブローカー等のこのような行為が，不法入国者・不法上陸者の不法な在留の継続を助長しているのみならず，新たな不法入国者・不法上陸者を引き寄せる誘因ともなっている。
> 　「退去強制を免れさせる目的」とは，不法入国者・不法上陸者の退去強制を免れさせ，不法な在留を継続させることを目的とするという意味に解されている。

 ## 捜査上の留意事項

集団密航助長罪の捜査上の留意点も，他の外国人関連事犯の捜査と基本的には同じであるが，集団密航助長罪の場合，その発生・検挙を事前に予測す

ることが困難である上，短期間のうちに人定さえ定かではない多数の外国人密航者や被疑者の取調べにより事案の真相を解明しなければならないという特有の困難さがある。このため，通訳人の手配並びに被疑者らの留置場所の確保といった手続関係をクリアする必要がある。

外国人犯罪の特質である，いずれ退去強制となる密航者らの供述の信用性の確保や，共犯者の供述の獲得，並びに任意性・信用性の確保等細心の注意を払う必要がある。

集団密航者を収受し，目的地まで輸送する途中で一斉検問や交通違反などを端緒として発覚することもあり得るが，一般的には，不法入国・不法上陸直後でなければ密航者を運んできた船舶や集団密航に関係する者は既に日本から離れている場合がほとんどである。不法入国・不法上陸直後の場合には，港に船舶が停泊している場合もあり得るので，密航者の取調べを徹底し，密航者の収受・運搬者の取調べ，送り込み国のブローカーらから密航者を収受して貨物船などに隠して本邦の領海に入り，港に入国後密航者を出迎えたブローカーに引き渡す引率ブローカー（蛇頭）の特定などを経て最終的には送り込み国の密航あっせん組織の解明となる。捜査の端緒からすれば，密航者の取調べは，密航の流れと逆になることが分かる。

 ## 取調べ事項

＜密航者＞

1 犯行（密航）の動機，経緯

・出稼ぎに来ていたが，日本の方がもっとお金を稼げると聞いたし，同国人が日本で働いているが本国に多くのお金を送金していると聞き，自分も日本で働きたいと思った。
→出稼ぎ先での稼働状況，収入など

2 ブローカー関与の有無

ある場合は，ブローカーを知った経緯，時期，方法及びブローカーから接近か自ら接近か

・「約80万円払えば日本に行く密航船に乗せてやる。そうすれば日本で稼げる。」等と誘われた。

154　6　集団密航助長罪

3　密航費用の捻出方法

借金か，犯罪による収益ではないかなど

4　密航の決意

・80万円払っても日本ではすぐに元が取れるため，日本で働こうと思い密航を決意した　等

5　集合場所の指定等

・ブローカーから，○月○日の夜○○港から船が出るから，○○にある○○ホテルで待てと言われた。そのホテルに○○国人3人が連れてこられ，自分を含めて6人が待っていた　等

6　出発国内の移動

・ホテルから出るとき，幌付きの大きなトラックが来ていた。その中に大きな箱があり1つの箱に2人が入れられ，港で降ろされた。

7　密航船への移動

・港で待っていると船員2人が迎えに来た。船に乗り込むとき密航者は3人ずつに分けられ，船員の指示で貨物船に乗り込み，船底の隠し部屋のようなところに入れられた。

8　航海中の状況

船内の状況，船酔いの状況，飲食物の提供状況などその者でなければ語れない事項を多く引き出す。

・船に乗ってから数日過ぎた頃「あと1日か2日で日本に着く。3つの車が迎えに来る。」と言われた。
→時の経過はどのようにして分かったのか（日付が出る腕時計をしていた等）

9　上陸時の状況

・2人の船員が密航者を2，3人ずつに分けて船から降ろし，船員が道案内して密航者はその後からついて行った。
→どのような場所を通ったか，途中で記憶している建物などはないか等できる限り詳細に録取し，後日引き当たり捜査を実施して確認しておく必要がある。
・大型の白い自動車が停められていた。船員が「この自動車に乗れ。」と

言ったのでその車に乗った。船員は来た道を戻っていったので，また密航者を迎えに行ったと思った。また，２，３人の密航者を連れてきて自動車に乗せた。全部で８人が乗った。運転していたのは女だったが，「東京に行く。」と言って自動車を走らせた。

10　上陸後の状況

・密航者が乗った自動車がしばらく走った頃，運転していた女性の携帯電話が鳴った。「５人捕まったので東京までは行けない。ここで降りてくれ。」と言われたがその場所がどこかも分からず，女性に頼んでタクシーを止めてもらい近くの駅まで行った。

・国を出るとき日本で働いている友人の連絡先をメモに書きとめていたので，電話をして「日本に密航してきたが泊まるところがないので一晩だけ泊めてくれ。」と頼んだが断られた。もう１人に電話したところ，「一晩だけならいいよ。」と言ってくれたので，その友達の家までの道順を聞き何とかたどり着いた。一晩だけという約束だったが，アパートが見つかるまでずるずると泊めてもらった。プレス工で働き始めアパート住まいを始めた直後に捕まった。

・迎えに来ていた男が運転する自動車に乗り東京の上野まで来た。そこで警察官に見つかり捕まってしまった。８人乗っていたが，３人降りた直後に警察官が来たので，残っていた者は車に乗ったままだった。

11　反省・悔悟

・密航が悪いことは知っていた。

＜集団密航者収受・輸送―出迎えブローカー＞

1　身上特定

2　犯行の動機・経緯

・大学に通いながらアルバイトをしていたが，時給が安くお金が欲しかった　等
　→犯行動機の形成には，「いいアルバイトがある。人を自動車に乗せて運んでくれるだけでいい。１人につき１万円払う。６人なら６万円だ。」等の勧誘が大きな原因になっていると思われる。最初から「密航者を運んでくれ。」等と勧誘された場合，誘いを受けた者は躊躇するのが自然体であると思われる。しかし，最初は密航者の運搬とは知らなかったが，その後，相手の言葉を理解・判断し，それでもお金が欲しかったので仕事を引き受ける決意をした，などその被疑者の内心の意思も

時系列に従って録取すると分かりやすい表現になるうえ，真実の供述になると思われる。

3 誰からいつ，どこで誘われたか（共謀関係）

誘い文句，どのような関係を有する者か
- 例えば，学校の先輩，あるいは学校の後輩の親戚の者から，兄貴と慕っている知り合いの者から　等

4 犯行状況

—1　輸送手段
- 集団密航者を輸送する場合，レンタカーを利用するのが多いと思われる。留学生の身分であれば「在留カード」も自動車運転免許証も取得していることが多く，その者の名前でレンタカーを借り受けているケースが多い。

—2　出発地点・走行経路・最終目的地

—3　自動車内での会話の有無等

—4　最終目的地に到着後の状況
- 自動車からは3人ずつに分けて降ろすように言われていたので，最初の3人を自動車から降ろした。すると，赤色のランプをつけたパトカーが脇をすり抜けたが少し先で止まり，自分が停めていた自動車のところに警察官が近づいてきた。今，車から3人を降ろしていたのを見られたなと感じとり，すぐに携帯電話で（主犯格の）Pに「ポリスが来た。もうだめだ。」と話していたところ，警察官から「電話を切りなさい。」と言われ，免許証や在留カードを見せたり，いろいろな質問を受け，密航者を運んできたことがばれて逮捕された。

Comment　◆　密航者であることの認識

　　例えば，本件の主犯格Pから「密航者を…」と言われていれば当初から密航者を運ぶということは理解できる。しかし，「友達が船で日本に来るので，港まで迎えに行き東京まで連れてきてくれ。」と言われただけでは，その話を受けた者の判断が大きく働くため，初回の犯行であれば，「私が運転する自動車に人を乗せたことは間違いないが，密航者とは知らなかった。」等の主張が予想される。しかし，時の流れにより回数が増えるにつれ，「ひょっとしたら」から「やっぱり」と段階的に認識することができるので，段階的に「人」が「密航者」であることをはっきりと認識した時期とその理由を録取し，調書化する必要がある。

＜船長及び船員＞

　貨物船の船底に隠し部屋を作った場合，航海中は，船長の指揮監督の下に各船員が管理する場所であり，その場所に密航者を隠していた場合には，船長及び船員が密航者を管理下に置き輸送したと解されるであろう。

　船長以下船員が事前に首謀者と詳細な謀議をしていた場合はともかく，密航者を運んでいるとの認識は回数を重ねることにより，段階的に認識する場合もあり得る。この種の事案の犯行動機については，密航者を無事日本に上陸させる（させた）ことに対する報酬欲しさに犯行に及ぶ者が多いと思われる。この点に重点をおいて取り調べることにより犯行の動機が解明され，また，「営利目的」の立証にもつながる。

〔船　　長〕

1 密航者を運んでいることの認識，犯行動機

- 1　いつ，どのようなことから密航者を運んでいると認識したか
  - →その時期，原因
    - ・例えば「船長は目をつぶってください。全てについて知らない振りをしてください。」と言われた。
    - ・その言葉の意味・解釈（理解）→判断→実行（黙認）→報酬の受領
- 2　なぜ，反対しなかったか，止めさせなかったか
  - ・報酬の魅力に負けた

2 航海中の状況等

3 密航者を下船させる場面を目撃していたかどうか

〔首謀者以外の船員〕

1 集団密航者を運んでいることを認識した時期，理由

- ・甲板に見たことのない男がいた。
- ・ほかの船員から「日本に行くたびに運んでいる。」と聞かされた。
- ・Ｚが荷物を持ってきたので密航者用の食料を調達してきたなと思った。
- ・船員がパンを食べることはないのに，パンや水，カップ麺などを多く買ってきた。出港して間もなく，倉庫代わりに使っている船室に行ったところ，パンが入った箱を見つけた。
- ・Ｚが隠し部屋をのぞいていたのを見た。

2 報酬について
- 1 報酬額は誰が決めていたのか
- 2 自ら金額を提示したことはなかったのか
- 3 報酬の受け取り状況
  → いつ，どこで，誰から，いくらもらったのか，現金か小切手か

3 その金額の趣旨をどのように理解していたのか
- ・密航者を運ぶことの報酬
- ・密航者を運んでいることの口止め料

内心の意思を引き出す。
「安全な航海をして密航を成功させればお礼の金がもらえると思った。」「密航者を無事上陸させればこれまで同様お金がもらえる，その魅力に負けた。」など具体的な状況を録取する必要がある上，その動機や理由については犯人しか分からない事柄であるので，詳細な確認が必要である。

4 受け取った報酬の総額

5 その使途

6 反省・悔悟の情

〔首謀者〕

1 本国内における集団密航者の収受の時期，場所，人数，密航組織との連絡調整

2 貨物船の隠し部屋への誘導（船長以下船員全員の関与の前後の違い）

3 密航者の飲食物の調達
- 1 食糧は何を主食としていたのか
  → 例えばパンであった場合その理由付け
- 2 飲料水の制限の有無
- 3 密航者同士の会話の制限の有無

4 日本の港到着時の状況
― 1 日本到着時の合図は取り決めてあったのか
　→あったとすればその内容
― 2 密航者を下船させる際の状況，下船時の人数制限はあったのか
　・2，3人ずつに分ける場合が多いが，その理由として人目に付きにくいというのが大きな理由と話すケースが多い。
― 3 出迎えブローカーには誰が，どのような方法で連絡したのか
　→出迎えブローカーとの会話使用言語（英語，母語，日本語等）
― 4 出迎えブローカーに引き渡した状況
　→船舶から下船し，出迎え場所までの密航者の案内方法
　→1回の密航者の人数，何回に分けて，合計何人を出迎えブローカーに引き渡したのか

 犯罪事実記載例

1 集団密航者を本邦に入らせ，又は上陸させた者による事案

〔被疑事実〕
　被疑者は，○○国の貨物船○○号の船長であるが，同船船員○○らと共謀の上，営利の目的で，令和○年○月○日頃，○○（外国の海上）において，○○国籍を有する外国人で，入国審査官から上陸の許可を受けないで本邦に上陸する目的を有する○○等○名を同船に乗船させて自己の支配下に置いた上，本邦に向けて輸送し，○月○日頃，本邦の領海内である○○の○○灯台から真方位○度，約○海里付近海域において，同人らを本邦に入らせ，引き続き航行し，○月○日頃，○○において，同人らを本邦に上陸させたものである。
〔罪名及び罰条〕
　出入国管理及び難民認定法違反　同法第74条第2項〔1項〕，刑法第60条
〔法定刑〕
　集団密航助長罪（入管法74条1項）：5年以下の拘禁刑又は300万円以下の罰金
　営利目的集団密航助長罪（入管法74条2項）：1年以上10年以下の拘禁刑及び1,000万円以下の罰金

160   6 集団密航助長罪

2 集団密航者を本邦に向けて輸送し，又は本邦内において上陸の場所に向けて輸送した者による事案

〔被疑事実〕

　被疑者○及び○は，○○船籍の貨物船○○号の船員であるが，同船船長Ｙらと共謀の上，営利の目的で，令和○年○月上旬頃，○○国○○港において，○○国の国籍を有する外国人であるＸほか○名らの集団密航者を上記貨物船に乗船させ，同貨物船船首部甲板倉庫床下にかくまって自己の管理下に置いた上，同港から本邦に向けて輸送し，同月○日○時○分頃，○○所在の○○灯台から真方位○度約○海里付近海域において本邦領海内に入らせ，さらに，上陸の場所である○○地先○○係船桟橋に向けて輸送し，同月○日○時○分頃，上記貨物船を上記桟橋に接岸させて，順次上記○らの集団密航者を上陸させたものである。

〔罪名及び罰条〕

　出入国管理及び難民認定法違反　同法第74条第2項〔1項〕，第74条の2第2項〔1項〕，刑法第60条

〔法定刑〕

　集団密航助長罪（入管法74条1項）：5年以下の拘禁刑又は300万円以下の罰金

　営利目的集団密航助長罪（入管法74条2項）：1年以上10年以下の拘禁刑及び1,000万円以下の罰金

　国内外集団密航者輸送罪（入管法74条の2第1項）：3年以下の拘禁刑又は200万円以下の罰金

　営利目的国内外集団密航者輸送罪（入管法74条の2第2項）：7年以下の拘禁刑及び500万円以下の罰金

3 集団密航者収受・輸送（出迎えブローカー）による事案

〔被疑事実〕

　被疑者は，○○らと共謀の上，営利の目的で，令和○年○月○日○時○分頃，○○先路上において，○（集団密航者を上陸させた者）から，○○国船籍の貨物船○○号に同国の○○港から乗船させてその支配の下において本邦に上陸させた別表（密航者が多数の場合）記載の○○国の国籍を有する外国人で集団密航者である○ほか○名の引き渡しを受けた上，その頃，同所において，同人らを普通乗用自動車に乗せて，東京都○区○○×番先路上まで走行し，もって集団密航者を収受し，輸送したものである。

〔罪名及び罰条〕

　出入国管理及び難民認定法違反　同法第74条の4第2項〔1項〕，刑法第60

条
〔**法定刑**〕
　集団密航者収受等罪（入管法74条の4第1項）：5年以下の拘禁刑又は300万
円以下の罰金
　営利目的集団密航者収受等罪（入管法74条の4第2項）：1年以上10年以下
の拘禁刑及び1,000万円以下の罰金

7
不法就労助長罪

想定事例

　Aは，友人から「高いお金をくれる店がある。」と聞き，教えられた電話番号に電話し，社長だというXに「その店で働きたい。」と話すと明日パスポートを持ってくるように言われた。翌日，Aはパスポートを持ち，Xから面接を受けた。
　XはAが差し出したパスポートを子細に確認した後，「なんだ。オーバーステイ…。だけどまあいいか，警察に捕まらないように注意しないとな。いつから働くのか，今日からでもいいぞ。」と言われ，Xが経営する店でホステスとして働き始めた。
　間もなくして，この店舗に勤務する二十数名の外国人女性のほとんどがオーバーステイをしていることを知った。

本罪の制定の経緯・趣旨等

Q この場合，Xはいかなる刑責を負うか。

A 不法就労助長罪（入管法73条の2第1項）の刑責を負う。

―――― ■ 根 拠 条 文 ■ ――――

入管法第73条の2第1項
　次の各号のいずれかに該当する者は，3年以下の懲役若しくは300万円以下の罰金に処し，又はこれを併科する。
　(1) 事業活動に関し，外国人に不法就労活動をさせた者
　(2) 外国人に不法就労活動をさせるためにこれを自己の支配下に置いた者
　(3) 業として，外国人に不法就労活動をさせる行為又は前号の行為に関しあつせんした者
　なお，令6.6.21法60により，3年内に罰則が引き上げられる。その場合は，「5年以下の拘禁刑若しくは500万円以下の罰金に処し，又はこれを併科する。」となる。

Comment
育成就労の設置（令6.6.21法60）
　　　　＝
　　　厳罰化
　育成就労制度は特定技能への移行をスムーズにするための制度であり，技能実習制度を変更したものといえる。
　技能実習制度では，実習生が働く場所を変える「転籍」（転職）を原則認めていないが，育成就労制度は一定の条件を満たせば認めるとしている。制限の緩和に伴い悪質なブローカーが転籍を助長するおそれがあることから，不法就労助長罪を厳罰化することでブローカーの排除を制度的に担保する目的がある。

◆◆**解説・検討**◆◆

本罪の制定の経緯・趣旨等

　我が国では，従来から単純・未熟練労働者は受け入れない政策がとられ続けてきた。一方で，我が国と近隣アジア諸国との間の経済格差の存在，出稼ぎのメリット拡大，また，日本国内の一部業界における人手不足等を背景として観光客を装って我が国に入国し，土木作業員，工員，ホステスなどとし

て不法に就労する外国人の増加が顕著になっており，我が国の経済・労働・社会に種々の影響を与えていることはもちろん，悪質ブローカーや雇用主による賃金搾取，労災事故に対する不救済など，不法就労外国人の人権を侵害する事案も多発し，これらの事案が外国人による犯罪を増加させる一因になっていると思われていた。その増加に歯止めをかけ，その根絶に向けて厳格な対応をとる必要が認められ，不法就労外国人の入国を誘引・助長している雇用主，ブローカー等の関係者も併せて取り締まらなければ，その実効は期し難く，このような観点から平成元年の入管法改正により「不法就労助長罪」が新設された。

　従前の不法就労助長罪は，不法滞在者であることを知りながらあえてその者を雇用したという雇用主の故意を立証しなければならず，取り締まる側にとっては厄介な側面があったが，これらを踏まえて平成21年の入管法改正により，新たに処罰規定が設けられた。すなわち，当該外国人が

①　行おうとする活動が，その在留資格に応じた活動（入管法別表第１）以外の収入・報酬を得る活動であること

②　資格外活動の許可を受けていないこと

③　不法入国・不法上陸，不法残留をした者であること

を知らずに働かせた場合，新法施行前は処罰されなかったが，新法施行後は処罰の対象となり，知らなかったことに過失がない場合にのみ処罰されないこととされた（入管法73条の２第２項）。過失の有無の問題点として，働かせるに当たって，旅券や在留カードを確認せず，また在留資格の確認を怠った場合には，過失はなかったとはいえないことは明らかである。

　具体的には，当該外国人が就労資格者であるか否か，不法滞在者でないか否か等の確認だけではなく，①旅券，②在留カード，③就労資格証明書のいわゆる３点セットについて，それぞれ原本の提示を求め，その内容を確認し，さらにその写しを作成して保管しておくことなどが果たされていれば，果たすべき責任は果たした（過失はなかった）といえるであろう。

　一方，旅券等の原本提示を要求することなく，そのコピー程度の代物で身元確認を済ませる等厳格な確認を行わず，唯々諾々と雇用したような場合には，責任を果たしたとはいえず「過失のないとき」には当たらないと考える。

本条の趣旨

1 「事業活動に関し，外国人に不法就労活動をさせた者」

　入管法第73条の2第1項第1号の罪は，雇用主等処罰規定新設の趣旨に照らして，最も基本的な構成要件である。

2 「業として，外国人に不法就労活動をさせる行為又は前号の行為に関しあっせんした者」

　入管法第73条の2第1項第3号の罪は，外国人の不法就労には，ブローカーが介在している場合が少なくない実情にかんがみ，外国人に不法就労をさせる行為又はそのために外国人を自己の支配下に置く行為に関してあっせんする者について，新たな構成要件を定めたものである。

 用語の意義

1 「不法就労活動」とは

就労ケース	例示
不法在留者や被退去強制者が働くケース	・密入国した者や在留期間が切れた者が働く ・退去強制されることが既に決まっている者が働く
出入国在留管理庁から働く許可を受けていないのに働くケース	・観光等の短期滞在目的で入国した者が働く ・留学生や難民認定申請中の者が許可を受けずに働く
出入国在留管理庁から認められた範囲を超えて働くケース	・外国料理のコックや語学学校の先生として働くことを認められた者が工場，事業所で働く ・留学生が許可された時間を超えて働く

2 「報酬その他の収入（入管法24条3号の4）」とは

　「報酬」とは，一定の役務の給付に対する対価であり，「報酬その他の収入」と規定されていることからも明らかなように「報酬」は一つの例示である。要するに他人に雇用されて賃金を得て働くことのほか，仕事の完成，事務処理の対価として支払われる金銭・物品を受け取ることの全てが「報酬その他の収入」に当たると解される。ただし，入管法第19条第1項

第1号括弧書きで,「業として行うものではない講演に対する謝金, 日常生活に伴う臨時の報酬その他の法務省令で定めるものを除く。」とし, これらについては禁止ないし規制の対象から除外されているので, どのような在留資格を有する外国人であっても自由になし得ることになる。

臨時の報酬等については, 入管法施行規則第19条の3に規定されている。

3 「事業活動に関し」とは

「行為者が自ら運営し又は従業者として従事している事業の目的遂行のために必要な活動に関し」という意味に解されている。したがって, 例えば一般家庭で不法就労者を家事使用人として雇い働かせてもこれには該当しない。もっとも, このような場合には, 入管法第70条第1項第4号違反(資格外活動)の幇助犯が成立する場合が多いと思われる。

4 「不法就労活動をさせた」とは

行為者において, 外国人に対して何らかの対人関係上優位に立っており, 当該外国人が自己の指示どおり不法就労活動に従事する状態にあることを利用して積極的に働きかけ, そのことに基づいて外国人が不法就労活動をするに至ったということを意味する。

参考判例

入管法第73条の2第1項第1号が, 単に「不法就労活動をさせた」と規定していることからしても, 特に優越性が高度である必要はなく, 不法就労活動を「させた」と言い得る程度の対人関係上優位な立場が認められれば足りるとしている(東京高判平5.9.22高刑集46・3・263)。

5 「外国人に不法就労活動をさせるために」とは

行為者において「自己が外国人に不法就労活動をさせる目的を有する」場合のほか, 「行為者において他人が外国人に不法就労活動をさせることとなるのを知りながら」という場合を含むと解されている。

6 「自己の支配下に置く」とは

外国人を自己の事実上の支配下に置く行為であり，支配関係の成否に関しては，対象外国人の実態に即し，「当該外国人の意思に影響を及ぼすことにより，支配・従属の関係が認められる場合をいう。」と定義づけられている。

「自己の支配下に置く行為」について，具体的にみると，相手方に対して暴行・脅迫を用いて監禁しつつ働かせるような事例では支配の成立が肯定されることはいうまでもないが，本号にいう「支配」には，必ずしもそのような物理的な力による支配に限られるのではなく，経済的・心理的な力による場合等も含まれる。

裁判例に現れた事例をみると，

○ ○○人女性らの旅券を取り上げ，あるいは所持させず，かつ，同女らが売春によって得た対価を全部取り上げて同女らに余分な金は一切持たせず，日本に不案内で日本語が通じない同女らを自己の指定したアパートに居住させた事例

○ 日本に不案内で日本語が通じない○○人女性を被告人方に居住させた上，自己の指定する時間帯は同女を稼働先の飲食店に待機させた事例

○ 売春婦として稼働させるために組織的に送り出された○○人女性から旅券，航空券を取り上げた上，組織の指定するマンションに居住させ，無断外出禁止の措置をとっていた事例

等がある。

参考判例

・「自己の支配下に置いた」の意義

入管法第73条の2第1項第2号にいう「自己の支配下に置いた」には，外国人に心理的ないし経済的な影響を及ぼし，その意思を左右しうる状態に置き，自己の影響下から離脱することを困難にさせた場合も含まれる。

・「自己の支配下に置いた」に当たるとされた事例

被告人が，日本語や地理に通じておらず特段の所持金も持ち合わせていない外国人女性に，その旅券等を預かり，借金返済の名目で金員を支払うことを約

束させ，就労先のバーのママの住居に連れて行き，同人に依頼してその住居に居住させるなどし，その返済が終わるまで右女性の売春代を全て取得していた本件事実関係の下においては，入管法第73条の2第1項第2号にいう「自己の支配下に置いた」に当たる。

（東京高判平5.11.11高刑集46・3・294）

7 「業として」とは

「反復・継続し，又は反復・継続する意思をもって」の意味に解されている。「業として」の意義については判例においても変遷があったが，現在では，反復・継続の意思で行為を行うこと（大判大5.2.5刑録22・109）との立場で固まっており，学説もこの立場でほぼ一致している。反復・継続の意思が認められれば，たとえ1回の犯行であっても業となるものと考えられる。

なお，入管法第73条の2第1項第3号は同項第1号と異なり，「外国人に不法就労活動をさせる者の事業に関し」と限定されていないので，不法就労者を一般家庭に家事使用人としてあっせんする行為等も処罰の対象となり得る。

8 「あっせん」とは

あっせんとは，周旋と同義であり，二当事者の依頼又は承諾の下に当該二当事者間に立って，ある交渉が円滑に行われるよう仲介することをいう。

他の構成要件において，この「あっせん」ないし「周旋」の用語を使用しているものとしては，売春周旋の罪（売春防止法6条1項），あっせん収賄罪（刑法197条の4）等がある。

売春防止法第6条第1項にいう「周旋」の解釈をみると，「売春しようとする者とその相手方となる者との間に立って売春が行われるように仲介すること」をいう。ここにいう「周旋」は，職業安定法第5条第3号にいう「あっせん」と同義に解して良いであろうなどと説明されている。

したがって，最終的に当事者間の契約が成立しなかったとしても交渉成立の可能性が生じるまでに仲介行為を行えば，あっせんは既遂に達したと

みるべきであり，また行為者に報酬を得る目的があったことや現実に報酬を得たことも要しないと解されている。

参考裁判例

　被告人は，不法残留中の外国人女性から就労のあっせんを依頼され，同女の不法就労活動を助長することを知りながら，Bが営むスナックにホステスとして報酬を受ける活動に従事させることをあっせんし，もって業として，外国人に不法就労活動をさせる行為に関しあっせんした（郡山簡裁　略式命令平5．1．6）。

　不法就労させたり，不法就労をあっせんした外国人事業主は，退去強制の対象となる。
　外国人を雇用しようとする際に，当該外国人が不法就労者であることを知らなかったとしても，在留カードを確認していない等の過失がある場合には処罰を免れない。

 ## 不法就労活動に関する事例の問題点

1　研修生に対する金員の支払

　外国人が「研修」の在留資格で入国し，一定の金員の支払を受けながら研修の一環として作業に従事している事例も問題があるが，研修生に対して，生活費などの実費弁償として研修手当が支払われることは少なくないようである。研修生は入管法第19条第1項第2号の規定により，就労活動を行うことができないものとされており，研修手当は，あくまで渡航費，滞在費等の実費支払の範囲を超えてはならず，名目は研修であっても実質的に労働の対価としての意味をもつ金銭の支払を受けた研修生は，資格外活動をした者として退去強制及び刑事処罰の対象となり，その雇用主については不法就労助長罪が成立することにもなり得る。

　重要な点は，手当がどの程度の額を超えれば報酬に当たるのかの基準であるが，事柄の性質上金額の面から形式的な基準を設けるのは困難であるので，現行入管法は研修の実態に係る部分で労働と研修を明確に区別する

よう工夫されている。

2 違法行為活動

　不法就労活動の実務上もっとも一般的な事例は，外国人女性をホステス兼売春婦として稼働させる事例であるが，このような類型が不法就労活動に当たることに疑いはない。やや問題であるのは，外国人女性を専ら売春婦として稼働させる事例である。売春という違法行為を「就労」というには語感からいっても抵抗があり，「就労」とは言えないのではないかとの疑問が生じないわけではない。しかし，入管法第73条の2第1項第3号立案の過程においては，とりわけ処罰の必要性の高い「専ら売春」の類型が処罰の対象から外れることがないようにとの観点から検討を加えて現行の案になった経緯があり，このような経緯に照らして，外国人女性の売春婦が売春をすることは不法就労活動に該当すると解すべきであるとしている。

参考判例

　被告人は，いわゆる売春スナック（以下「G店」）においてマスター兼店長として働いていた。G店において不法残留の外国人女性5名（以下「Aら」）は，飲食に来た客を接待する一方で，客との間で売春の合意ができれば，店外で売春をし，これで得た売春代については1回につき1万円を店側に入れ，その余は全額売春したAらの収入としていた（G店側がAらに給料を支払うわけではなかった。）。Aらは出退勤につき厳しい規制はなされていなかったが，同店で働くにはマスターの承認が必要であり，また，店に無断で売春を行うと10万円の罰金を徴収される旨警告されていた。被告人はAらにホステス兼売春婦として働くよう促し，不法就労活動をさせた（東京高判平6.11.14高刑集47・3・291）。

 捜査上の留意事項

不法就労助長罪が立件されるケースとしては，
○　不法在留罪等で逮捕された外国人被疑者の供述によって，稼働先が判明するケース

○　風評等を基に，警察あるいは出入国在留管理庁が内偵捜査を実施し，
　その結果を基に一斉摘発に乗り出すケース

に大別することができる。

　いずれのケースにおいても，多くの場合，不法就労をした外国人被疑者は
出入国在留管理庁に引き渡された上，退去強制処分を受けて帰国するか，刑
事処罰を受けたとしても執行猶予の判決を受けて帰国することから，不法就
労助長罪で検挙あるいは処罰する段階では，不法就労活動を行った外国人は
在日していないという事態に陥ることになる。そのため，捜査上の留意事項
としては，早期に不法就労活動についての捜査を実施し，不法就労者から供
述調書を作成しておく必要がある。

Comment ◆　証拠の収集　→　捜索・押収

〔捜索すべき場所・物〕
①捜索すべき場所
　・雇用業者・あっせん業者の事業所
　・外国人労働者の就労場所
　・外国人労働者の居住先
②押収すべき物
　・不法就労者であることを示す物
　・就労事実を示す物
　・不法就労者であることの知情を示す物
〔雇用事業者・あっせん業者の事業所，外国人労働者の就労場所〕
・会計帳簿類等
　定款，総勘定元帳，賃金台帳，金銭出納帳，補助元帳，預貯金通帳
・労働者雇用に関する書類
　労働者名簿，履歴書，労働者雇用契約書，労働者派遣契約書，労働者派遣先名簿，
　労働者募集関係書類，旅券等の写し，外国人の雇用に関係する各種講習会の案内等
・労働条件に関する書類
　就業規則，タイムカード，出勤簿，労働者住居賃貸借契約書，家賃支払に関する書
　類，給料支払明細書，賃金台帳，保険契約関係書類，源泉徴収関係書類，作業日報
・その他の書類
　労働者雇用に係る帳票類，手紙，メモ類
〔外国人労働者の居住先〕
　旅券，在留カード，給与支払明細書，預貯金通帳，為替口座振込依頼書等の本国へ
の送金関係書類，手紙，メモ類

取調べ事項

＜不法就労外国人＞

1. 身上経歴，国籍，本邦における住居，職業
   旅券，在留カード等に基づいて人定確認

2. 本国及び日本における前科・前歴の有無
   →ある場合はその内容

3. 入国目的，入国年月日，入国港及び出入国歴
   出入国在留管理庁に照会し，出入国記録等を入手する必要がある。入国目的については，当初からの稼働目的を明らかにする。

4. 不法就労の動機・経緯
   ─ 1　不法就労先を知った経緯
   　　・友人から紹介された
   ─ 2　ブローカーの関与の有無
   　　→ある場合は，そのブローカーを知った経緯，時期，自ら近づいたのか・ブローカーからの誘いか，謝礼支払の有無及び金額・方法

5. 雇用面接者及び面接の内容
   在留資格，在留期間を確認されたか否か，旅券，在留カードの提示を求められたか否か，旅券等の写しを作成されたか否か（雇用主の過失の有無判断に重要となる。）

6. 雇用条件
   勤務時間，休憩時間，仕事の内容，報酬，交通費などの諸手当の額

7. 稼働状況
   現在の稼働先及び稼働開始日
   　・雇用契約書，出勤簿，タイムカードなどの証拠物を検討する。

8. 稼働の指示者は誰か（支配力の程度），稼働期間・稼働日数
   現場指示者は誰か（「工場長と呼ばれていた『Ｙさん』である。」な

ど）

9 **面接時の条件と実際の稼働条件の差の有無**
- 不法就労外国人労働者の場合は，雇用主が準備していた寮などに居住している場合が多く，支配の有無を認定する関係もあって居住実態を明らかにする必要がある（外出の制限はなかったか，行動制限はなかったかなど）。

10 **賃金**
- 1　賃金の金額・受領方法
- 2　賃金受領の時期及び支給者
- 3　合計収入額・支出額
  →食費，寮費，電気・ガス代等徴収の有無
- 4　本国送金の有無
  →地下銀行を利用しての送金の場合，送金者は銀行法違反に問われる場合もある。
  　・送金事実及びその手段は，不法就労の動機とパラレルの関係にあるので把握する必要がある。

11 **違法性の認識**
- 1　（在留資格に応じて）自分の在留資格では日本において稼働できないことを知っていたか
- 2　不法就労の違法性を知った経緯・時期
  →それにもかかわらず就労をした，就労を続けた理由

＜雇用主…入管法73条の2第1項1号関係＞
1 **雇用主の事業について**
　　会社名，設立年月日，本社・支社・支店・工場等事業所の所在地，役員及び従業員氏名，役割，報酬，業務内容等
　　・会社名など→商業登記簿，従業員→従業員名簿，報酬→賃金台帳，源泉徴収票等を取り調べる。

2 **労働者の採用面接担当者は誰か，外国人労働者の担当の有無**
　　入管法の熟知状況

→知識の内容，旅券・在留資格認定証明書・就労資格証明書についての知識の有無

→あえて法律を犯した理由

3 外国人を雇用するに至った理由

1 雇用するようになった時期・理由，目的

2 稼働する外国人を知った経緯等

3 ブローカーの介在の有無

4 採用面接を行った年月日，担当者，面接内容，旅券等での確認の有無

・「会社とはいうものの個人企業と同じようなもので，経営や従業員の採用面接などは私が1人で行い，採用・不採用を決めていた。外国人については，旅券の提示を求めたがコピーされたものしか持っておらず，在留期間を聞くと既にオーバーしていることも分かった。しかし，零細企業であり時給も安いところではなかなか働いてくれる人がおらず，法律に違反することは重々承知していたが採用を決定し，飲食店でホール係として働かせていた。」など

　※ <u>「指示・命令」は上から「報告」は下から</u>

　　「…面接した結果は，私が旅券の写しと共に採用決定権を持っている人事部長に報告し…」など

5 就労（作業）内容

6 報酬・賃金等

1 就業させた期間・日数，賃金の額及び支払賃金等の合計額，支払方法

2 外国人を雇用したことによる損得・利益計算，労災事故が発生した際の措置等

＜雇用主…同項2号関係＞

1 労働者を支配下に置く手段・方法

労働者が逃走できないような管理方法，逃走しないような待遇措置，逃走した場合の措置など

取調べ事項　　175

・労働者に暴行・脅迫を用いて監禁しつつ働かせるような事例は，支配の成立が肯定されることはいうまでもない。しかし，本号にいう「支配」は必ずしも物理的な力による支配に限られるのではなく，経済的・心理的な力による支配も含まれる。例えば，
　。外国人に渡航資金・当座の生活資金を前貸しし，その返済が完了するまでは自己の指示に従わざるを得ない状況を作出した場合
　。日本語が不自由であるために自活能力の低い外国人に，居住場所を提供しその場所に居住させた上で，生活の面倒をみるなどして外国人を心理的に離脱が困難な状態に置いた場合
　等は支配が成立すると解されている。

＜あっせん者…同項3号関係＞

1 あっせん者の業務内容（職業）等

　　会社名，設立年月日，営業目的，役員・従業員の氏名，役割，業務内容等

2 労働者の面接・採用の決定権者，あっせん業務担当者の指揮系列・権限等

3 外国人労働者をあっせんするようになった時期及び経緯，その理由

4 稼働を希望する外国人を知った経緯，仲介者の有無・仲介料

5 面接・採用などを行った者，面接日時・場所，面接内容

6 外国人労働者をあっせんした相手方，人数，期間，報酬等

7 あっせん先との関係
　├─ 1　あっせん先を知った経緯，契約状況
　└─ 2　不法就労外国人であることの告知の有無，その際の相手方の反応，言動等

8 旅券，在留資格証明書等の提示状況

9 報酬の金額・受領方法等

10　外国人労働者との関係

11　不法就労者であることの認識

12　平成2年6月1日以降に入国した者であることの認識
・**不法就労助長罪は，平成2年6月1日以降に本邦に入国した者のみに適用される。それ以前に入国し，引き続いて本邦に在留していると信じ，かつ，それについて過失がないときは処罰されない。**

13　在留資格認定証明書の代理申請者，申請費用の支払は誰か
- 1　空港に出迎えに行った者の有無（入国年月日・場所）
- 2　居住場所を提供した者（居場所）
- 3　居住場所の賃貸借契約書，入居費用の支払者は誰か

14　在留資格・在留期間の確認の有無

15　あっせん先に紹介し，実際に連れていった者は誰か

16　報酬等
- 1　あっせん先から報酬等を受領する方法等
- 2　外国人労働者をあっせんしたことによる利益計算

　　不法就労助長罪の被疑者としての立件範囲については，雇用主以外に採用面接者，現場指揮者等就労に関して実質的にある程度の権限を有する者を被疑者とする必要があるケースもあると思われる。
　　その処理に関しては就労外国人の人数，資格外活動か不法滞在か，就労先が風俗店かその他の工場，農家等か，売春を伴っているか等の諸事情を考慮する必要があると思われる。

犯罪事実記載例

1 個人経営の事案

〔被疑事実〕
　被疑者は，○○において，社交飲食店「○○」を経営し，その業務全般を統括掌理しているものであるが，令和○年○月○日頃から○月○日頃までの間，前記「○○」において，短期滞在の在留資格で本邦に在留し，出入国在留管理庁長官の資格外活動の許可を受けていない○○国の国籍を有する外国人である○○を，同店のホステスとして働かせて報酬を受ける活動に従事させ，もって事業活動に関し，外国人に不法就労活動をさせたものである。
〔罪名及び罰条〕
　出入国管理及び難民認定法違反　同法第73条の2第1項第1号
〔法定刑〕
　3年以下の拘禁刑若しくは300万円以下の罰金，併科規定有

2 法人処罰事案

〔被疑事実〕
　被疑者株式会社○○は，○○に本店を置き，○○において社交飲食店「○○」を経営しているもの，被疑者○○は，前記「○○」の営業責任者としてその営業全般を統括していたものであるが，被疑者○○は，被疑会社○○の業務に関し，令和○年○月○日頃から○月○日頃までの間，前記「○○」において，在留期間を経過して不法に本邦に残留していた○○国の国籍を有する外国人である○○を，同店のホステスとして働かせて報酬を受ける活動に従事させ，もって事業活動に関し，外国人に不法就労活動をさせたものである。
〔罪名及び罰条〕
　出入国管理及び難民認定法違反　同法第73条の2第1項第1号，第76条の2
〔法定刑〕
　行為者につき：3年以下の拘禁刑若しくは300万円以下の罰金，併科規定有
　法人につき：300万円以下の罰金

3 自己の支配下に置く行為の罪

〔被疑事実〕
　被疑者は，○○において，○○業を営むものであるが，令和○年○月○日頃から○月○日頃までの間，不法に本邦に入国した○○国の国籍を有する外国人

である○○を，従業員として雇用した上，○○に居住させるなどし，もって外国人に不法就労活動をさせるためこれを自己の支配下に置いたものである。

〔罪名及び罰条〕

　　出入国管理及び難民認定法違反　　同法第73条の2第1項第2号

〔法定刑〕

　　3年以下の拘禁刑若しくは300万円以下の罰金，併科規定有

4　不法就労あっせん行為の罪

〔被疑事実〕

　　被疑者は，令和○○年○月○日頃，○○所在の社交飲食店「○○」において，同店経営者○○に対し，短期滞在資格で本邦に入国させた○○国の国籍を有する外国人である○○を同店従業員として報酬を受ける活動に従事させることを知りながら雇用させ，もって業として外国人に不法就労活動をさせる行為に関しあっせんしたものである。

〔罪名及び罰条〕

　　出入国管理及び難民認定法違反　　同法第73条の2第1項第3号

〔法定刑〕

　　3年以下の拘禁刑若しくは300万円以下の罰金，併科規定有

8
偽装結婚

想定事例

　A女は，幼馴染のBに，日本に渡航して金を稼ぎたいと相談したところ，Bから「300万円支払えば，日本人と嘘の結婚で日本人の配偶者として入国できる。」と言われた。

　Bは，Aからの話をブローカーであるXに伝え，Xは日本のブローカーであるYに「偽装結婚を望んでいる女性がいるので日本人の男性を探してくれ。」と伝えた。

　Yは，金銭困窮者であるKに「偽装結婚したいと言っている女がいる。80万円の報酬でどうだ。」と勧誘した。Kは，Yの誘いを受け，偽装結婚を承諾し，これがYからX，XからB，そしてBからAに伝えられた。Kは，旅券を取得し，Yが準備した日程で，偽装結婚対象のAの国を訪ね，その国内方式の婚姻をし，その証明書を日本に持ち帰り，Yほか1名を証人としてKの婚姻届を提出して戸籍に登載させた。

　その後，Yが中心となってAの在留資格認定証明書の申請を行い，その発給を受け，YからXに送付し，Xにおいて，Aを同道し，在外公館でAの「日本人の配偶者等」のビザ（1年）を取得し，Aは日本に入国したが，入国後AはKと一度も会ったことはなく，その住居地に居住した事実もない。1年後の在留期間更新申請の際，AはKに15万円の報酬を支払った。住まいも出入国在留管理庁からの調査に備え実際にAが稼働している店の近くにアパートを借りたが，手荷物程度を部屋に置いたまま別の場所に居住し，Kとの同居は一度もない。

Q この場合，K及びAはいかなる刑責を負うか。

A いずれも公正証書原本不実記載・同行使（刑法157条１項，158条１項）又は電磁的公正証書原本不実記録・同供用（刑法157条１項，158条１項）の罪の刑責を負い，共犯関係にあるので刑法第60条が適用される。

―――――――――■ 根 拠 条 文 ■―――――――――

刑法第157条第１項
　公務員に対し虚偽の申立てをして，登記簿，戸籍簿その他の権利若しくは義務に関する公正証書の原本に不実の記載をさせ，又は権利若しくは義務に関する公正証書の原本として用いられる電磁的記録に不実の記録をさせた者は，５年以下の拘禁刑又は50万円以下の罰金に処する。

刑法第158条第１項
　第154条から前条までの文書若しくは図画を行使し，又は前条第１項の電磁的記録を公正証書の原本としての用に供した者は，その文書若しくは図画を偽造し，若しくは変造し，虚偽の文書若しくは図画を作成し，又は不実の記載若しくは記録をさせた者と同一の刑に処する。

【客　体】　権利・義務に関する公正証書の原本又は原本たるべき電磁的記録
【行　為】・公務員に対し虚偽の申立てをし，権利・義務に関する公正証書の原本に不実の記載をさせ，又は権利・義務に関する公正証書の原本たるべき電磁的記録に不実の記録をさせる
・不実記載の原本を備え付けさせる（行使），公正証書の原本と同様の機能を有するものとして使用されるべき状態におく

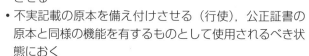

◆◆基本的な考え方◆◆

1　偽装結婚の態様
○　外国人と日本人が，日本国内で，日本の方式に従って婚姻届を提出する場合（日本方式）
○　外国人と日本人が，外国においてその国内方式の婚姻を行い，これを日本で届け出る場合（外国方式）

※　日本方式は，「短期滞在」等の在留資格で既に日本に在留している外国人が更に就労制限のない「日本人の配偶者等」の在留資格を取得するために敢行されることが多い。

2　偽装結婚事件における争点

①　その婚姻の届出が「虚偽の申立て」といえるかどうかと，戸籍簿に記載された婚姻が「不実の記載」といえるかどうか

②　行為者の犯意（故意）の有無という主観的要件の存否

　①の関係では，「その婚姻は，婚姻意思のある婚姻である。」と主張されたり，あるいは，「外国方式により成立した婚姻を事実として届け出たものであるから虚偽の申立てではない。」，「不実の記載には当たらない。」等の主張が考えられる。

　また，②の関係では，「外国方式により成立した婚姻を届け出ているので虚偽や不実とは思わなかった。」，「本国には戸籍制度等はなく，日本の戸籍に登載されるとは思わなかった。」等の主張が考えられる。

3　婚姻の成立要件

○実質的要件……婚姻意思の合致が必要
　　　　　　　　　　婚姻意思とは，社会で一般的に認められているような男女の関係を成立させ，共同生活を開始する意思

○形式的要件……戸籍法に基づく届出

　法の適用に関する通則法第24条第2項では，「婚姻の方式は，婚姻挙行地の法による。」と規定している。例えば，日本国内で外国人が日本人と婚姻した場合には日本の法律が適用され，日本人が韓国国内において韓国人と婚姻した場合には韓国の法律が適用されることになる。

　実質的要件として，婚姻意思の合致が必要であるが，両当事者の婚姻意思が合致しなければならないことは身分行為としての婚姻の性質上当然のことであるから，もっとも重要な実質的要件であるといえる。

　婚姻の意思の内容に関し，判例は，「（婚姻意思のないときとは）当事者間に真に社会観念上夫婦であると認められる関係の設定を欲する効果意思を有しない場合を指すものと解すべきであり，したがってたとえ婚姻の届出自体について当事者間に意思の合致があり，ひいて当事者間に，一応，所論法律上の夫婦という身分関係を設定する意思はあったと認めうる場合

であっても，それが，単に他の目的を達成するための便法として仮託されたものにすぎないものであって，前述のように真に夫婦関係の設定を欲する効果意思がなかった場合には，婚姻はその効力を生じないものと解すべきである。」として実質的意思説をとっている（最判昭44.10.31民集23・10・1894）。

これらからいうと，偽装結婚は，外国人当事者に「日本人の配偶者等」の在留資格を得させることを目的として婚姻するものであるので，当事者双方に婚姻意思が欠けており，このような婚姻が無効であることは明らかである。

Comment ◆ 形式的要件

日本においては婚姻の方式として届出が要求されており，戸籍法の規定に従って届出をすることによって，当事者の婚姻意思の合致とみる届出成立要件説が通説である。

婚姻は，婚姻意思が届出という方法を踏んで表示される要式行為であり，届出の受理によって成立するとされているから，受理の時点で婚姻意思が存在していなければならないわけであるが，戸籍事務担当者には形式的審査権しかないため，偽造された婚姻届であったり，婚姻届作成後，当事者の一方が翻意したような場合であったりしても必要記載事項等が備わっていれば受理され，いったん受理されれば一定の手続を踏まなければ戸籍の訂正をすることはできない。

4　民法上での「婚姻の効力」

夫婦は同居し，互いに協力し扶助義務を負う（民法752条）。

これは婚姻の身分的効果に関する本質的義務と解されているが，その内容は婚姻関係の在り方を支えている社会・慣習の変化とともに変わるもので，それぞれの夫婦の状況によっても違いはあると思われる。

＜同居義務＞

同居とは夫婦としての同居を意味し，単なる場所的な意味ではないとされており，同居形態は夫婦間の協議に委ねられている。例えば，家庭の事情（児童等がおり転校することができない等）によって夫が単身赴任するなど，場所的に離れていてもそれが当事者の選択した同居形態である限り法的には同居が継続し，逆に同じ屋根の下に住んでいても精神的なつなが

りを基調とした夫婦としての共同生活が存在しなくなれば，法的には同居とはされないとするのが通説・判例の立場である（名古屋家審昭40.4.22家月18・1・73）。

ただし，このような事例の場合は，正規な国際結婚に当てはまるもので偽装結婚には該当しないと考える。

◆◆解説・検討◆◆

 根拠条文の趣旨

偽装結婚の届出と公正証書原本不実記載罪

刑法第157条第1項は，「公務員に対し虚偽の申立てをして，登記簿，戸籍簿その他の権利若しくは義務に関する公正証書の原本に不実の記載をさせ，又は権利若しくは義務に関する公正証書の原本として用いられる電磁的記録に不実の記録をさせた者」を公正証書原本不実記載罪として処罰することとしている。

公正証書原本不実記録罪の「客体」は，権利・義務に関する公正証書の原本又は原本たるべき電磁的記録である。「権利・義務に関する公正証書の原本として用いられる電磁的記録」とは，公務員がその職務上作るべき公正証書の原本に相当する電磁的記録であり，道路運送車両法による自動車登録ファイル，住民基本台帳法による住民基本台帳等が典型である。

そして，「行為」は，公務員に対し虚偽の申立てをし，権利・義務に関する公正証書の原本に不実の記載をさせ，又は権利・義務に関する公正証書の原本たるべき電磁的記録に不実の記録をさせることである。

「虚偽の申立て」とは，無効な婚姻を有効な婚姻として届け出ることであり，「不実の記載」とは，無効な婚姻を有効な婚姻として戸籍に記載させることであるから，行為者に故意があるというためには，行為者が無効な婚姻，つまり，外国人当事者に在留資格を得させるだけの目的で婚姻を届け出て，婚姻の事実が戸籍に記載されることを認識していることが必要である。

「虚偽の申立て」については，当事者双方ともに，外国人当事者の在留

資格を得るための目的で婚姻することを認識しているのが通常であると思われる。しかし，検挙された後に，「次の在留期間更新が認められたら本当に結婚するつもりだった。」あるいは「2年経ったら結婚してもいいなと思っていた。」等と弁解・主張されるケースも予想される。しかし，無効な婚姻を有効な婚姻として届け出る時点でそれが虚偽であることを認識しながら婚姻届を提出する行為は，虚偽の申立てに当たると解される。

　問題となるのは，戸籍への「不実の記載」をさせることの認識であろうと思われる。

　「不実」については，当事者双方ともに，外国人当事者の在留資格を得るためだけの目的で婚姻届を提出するわけであるので，存在しない事実を存在する事実として届けるという不実の事実であることの認識に欠けるところはないと思われるが，公正証書原本不実記載罪は，戸籍簿その他権利義務に関する公正証書の原本に不実の記載をさせることによって成立するのであるから，行為者において，婚姻の事実が記載される戸籍簿等の権利義務に関する公正証書の原本であるという認識が必要となる。

　この点，日本人当事者はその認識に欠けるところはないのであろうが，外国方式の婚姻の場合には，外国人当事者が日本に入国する前に，日本人当事者が婚姻を届け出て，その者の戸籍に婚姻の事実が記載されることになるため，日本の戸籍制度のような身分関係を公証する制度が完備されていない国を本国とする外国人の中には，婚姻の事実が戸籍あるいは身分事項を記載する何らかの公簿（法令の規定に基づいて，官公署で作成・常置する帳簿）に記載されることの認識を欠く者がいることは否定できない。

　しかし，婚姻の事実が戸籍の原本に記載されるといった確定的な認識までは必要ではなく，婚姻届が日本国において公務員が作成する身分関係を公証するための基本となる何らかの文書に記載されるであろうとの未必的な認識で足りると解されている。

　　かつて戸籍には紙製の原本が用いられていたが，近時，ほとんどの地方公共団体では電磁的記録に移行しており，前者には公正証書原本不実記載・同行使罪（刑法157条1項，158条1項）が，後者には電磁的公正証書原本不実記録・同供用罪（刑法157条1項，158条1項）が適用される。

用語の意義

1 「虚偽の申立て」とは

　真実に反して存在しない事実を存在するとして，又は存在する事実を存在しない事実として申し立てることと解されており，判例に現れたものとして，株式の仮装払込みによる会社の設立登記（最決平3.2.28刑集45・2・77）がある。

　偽装結婚においては，真の婚姻意思がないのにもかかわらず，婚姻が有効に成立したものとして届け出るという点で，まさしく事実に反して存在しない事実を存在する事実として申し立てるものであり，「虚偽の申立て」といえるであろう。

2 「不実の記載」とは

　存在しない事実を存在するものとして，又は存在する事実を存在しないものとして記載することをいうと解されている。

　「不実」は記載事項の重要なものでなければならず，その事項の内容が不実である場合だけではなく，例えば，申告人の名義を冒用するなど，申告に関して真実に反する場合も含むと解されている（大判明44.5.8刑録17・817）。

　偽装結婚においては，婚姻意思がない無効な婚姻を有効な婚姻として戸籍に記載させる点で，存在しない事実を存在する事実として記載させるわけであるから「不実の記載をさせた」ものに当たる。

3 「不実の記録」とは

　事実に反する情報を入力して電磁的記録に記録することをいう。

> **Comment** 「不実の記載」として判例に現れたものとして，当事者双方に真実離婚をする意思がないのに外形上離婚したように装って離婚届を提出し，戸籍簿の原本にその記載をさせた事例がある（大判大8.6.6刑録25・754）。

捜査上の留意事項

> 想定事例に当てはめると

　想定事例の偽装結婚を時系列的に整理しながら，捜査上での留意点を検討する。
　外国方式による偽装結婚の流れをみると
① それまで全く面識がなかった日本人当事者Kが，外国人当事者Aの国に赴き，あっせん者B，Xの仲介等によってAと会い，交際期間もなく，極めて短期間に婚姻当事者として認め合い，当該国において婚姻手続を行い，当該国の婚姻証明書等の交付を受ける
⇩
② 日本人当事者Kが日本に帰国し，その後婚姻を届け出て，婚姻の事実をKの戸籍に記載させる
⇩
③ 日本国内のあっせん者Yが，出入国在留管理庁にAの在留資格認定証明書の交付申請の手続を行う
⇩
④ 在留資格認定証明書が発行されると，これを外国人当事者A（一般的には，外国におけるあっせん者X）に送付し，Aが日本の在外公館で査証を取得し，日本に入国する
⇩
⑤ Aは，入国後はKに会うこともなければ同居することもせず，また連絡や往来もなく，専ら就労活動に従事する
という事実関係が認められる。

　この流れから，婚姻意思の有無については，婚姻当事者が出会った経緯，その後の交際の有無・状況や外国人当事者の日本語会話能力，日本人当事者の当該外国語会話能力等の意思疎通の能力，また婚姻において通常執り行われる儀式等の内容・儀式挙行の有無，両当事者の家族に対する連絡・通知等の証拠を集める必要があると思われる。

また，あっせん者からは，婚姻をあっせんするに至った経緯，あっせんに際して偽装結婚を前提とする言動の有無（偽装結婚した者の中には，「イミテーションマリッジ」あるいは「イミテーション」と供述する者もいると思われる。）等の証拠収集が必要である。

　偽装結婚の場合には，外国人当事者から婚姻当事者である日本人やあっせん者に対して報酬が支払われることが多いので，支払の事実あるいは支払の約束を解明する必要がある。偽装結婚の当事者となる日本人は，通常は，多額の借金を抱えている者やいわゆるホームレス等報酬を必要とする事情を持っている者が多いと思われる。

　外国人と日本人との国際結婚には真の婚姻生活を送る人たちが多くいるのに，なぜ偽装結婚をして「日本人の配偶者等」の在留資格を得るのであろうか。その心理は，日本人と婚姻の形をとり就労活動に制限のない「日本人の配偶者等」の在留資格を取得せんがための便法に過ぎない。偽装結婚の動機，目的にその心理が如実に表れているものと思われる。

 取調べ事項

1　犯行の動機
　　　なぜ偽装結婚するに至ったのか，その動機，目的
　　　・新聞報道などによると「金儲けのため」が多い。
　　　　→ブローカーを介した場合は，他からの紹介か自ら接近したのか

2　婚姻意思の不存在
　　　真の婚姻意思がないことを明確にする必要がある。
　　　・意思は，その者の内心の考えであるため，その真実の解明には困難がつきまとうと思うが，他の証拠の積み重ねが重要であると思われる。

3　入国後の婚姻生活の実態
　├─1　両当事者が同居しているか否か，同居していないものの時々会っているかどうか
　├─2　性的関係の有無
　└─3　各当事者の生活費の負担はどうなっているのか

4 外国人当事者の日本国内における生活実態

偽装結婚は就労目的がほとんどであろうから，外国人当事者の就労の有無
→就労している場合は就労先，就労開始時期・就労状況，就労で得た金銭の使途状況（本国送金の有無，夫婦共同生活への支弁関係等）

5 偽装工作の有無

想定事例ではアパートを借り，荷物の一部を部屋に置くと設定した。このほかにも，男性と同居していることを装うため，男物の衣類を干したり，靴を置くなど様々な偽装工作を考えていると思われる。

その他

この他，偽装結婚は密航などと同様，組織的に行われることが多くみられるので，背景にある組織の解明が必要である。

「日本人の配偶者等」の在留資格で日本に入国しようとする者は，在留資格認定証明書の申請に際して，在日の身元引受人が必要となる。この場合の身元引受人は，結婚の相手方（配偶者となる日本人）以外の者でなければならないが，多数の偽装結婚のあっせんが行われた場合，複数の外国人について身元引受人が同一となる場合もあり，出入国在留管理庁が不審を抱いて発覚の端緒となった事例も存在している。

偽装結婚をした外国人が，「日本人の配偶者等」の在留資格認定証明書を提示するなどして上陸を申請し，上陸許可を受けた場合は，その上陸許可は取消しの対象となり，上陸許可が取り消された場合，当該外国人は入管法第24条第2号の2の退去強制事由に該当するので，退去強制手続が進められることとなる。

> **Comment** 入管法に虚偽の申請に対する罰則規定はなかったが，法改正により，「在留資格等不正取得罪」「営利目的在留資格等不正取得助長罪」が新設され，平成29年1月1日から施行されている。
> 法改正の背景として，日本国政府は，「世界一安全な日本」創造戦略において，不法滞在対策，偽装滞在対策等の推進を掲げ，偽装滞在者等の積極的な摘発を図り，こ

その他　189

れらを助長する集団密航，旅券等の偽変造，偽装結婚等に係る各種犯罪などについて取締りを強化する旨決定をした。

　そこで，同法は，虚偽申請を罰則の対象とすべく，偽りその他不正の手段により，上陸の許可等を受けて本邦に上陸し，又は同法第4章第2節の規定による許可（更新，変更，永住許可等）を受けた者を処罰の対象とし（同法70条1項2号の2），営利の目的で当該規定の行為の実行を容易にした者も処罰の対象とした（同法74条の6）。

＜在留資格等不正取得罪の概要＞

　入管法第70条第1項第2号の2は，「偽りその他不正の手段により，上陸の許可等を受けて本邦に上陸し，又は第4章第2節の規定による許可（更新，変更，永住許可等）を受けた者は，3年以下の拘禁刑若しくは300万円以下の罰金に処し，又はその拘禁刑及び罰金を併科する。」と規定している。

　ここにいう「偽りその他不正の手段」とは，「故意を持って行う虚偽の申立て，不利益事実の秘匿，虚偽文書の提出等の不正行為の一切」をいう。

9 銀行法違反（地下銀行）

想定事例

　Aは，留学の在留資格で日本に来ていたが，もともとの目的は日本での稼働であった。Hは日本でビルの清掃作業員，工事現場の作業員を掛け持ちし，まとまったお金を持っていたが，不法入国していたため旅券も在留カードも持っていなかった。HはAが同郷の人物と知り，Aの名前で本国送金を依頼し，Aはこれを引き受け手数料を得た。これを契機としてAは，本国送金をビジネスにすれば金がもうかると考え，送金代理業を始めた。留学先の友達に頼み，その者らの名義で銀行口座，郵便貯金口座を開設し，有料で借り上げ，本国送金の依頼を受け，仲間4名と共に送金業をしていた。

Ⓠ この場合，Ａはいかなる刑責を負うか。

Ⓐ 銀行法違反（銀行法61条1号〔4条1項〕）の刑責を負う。

━━━━━━━━━━■ 根 拠 条 文 ■━━━━━━━━━━
銀行法第61条第1号
　　第4条第1項の規定に違反して，免許を受けないで銀行業を営んだ者
罰則：銀行法第61条第1号
　　3年以下の拘禁刑若しくは300万円以下の罰金，併科規定有

◆◆基本的な考え方◆◆

銀行法違反（地下銀行）の特色

　いわゆる地下銀行事案は，現在では捜査機関関係者のみならず，一般の国民にも犯罪の一形態として広く認識されるようになってきている。

　地下銀行は，適法に日本で就労して本国の家族に送金するような場合だけではなく，本人確認書類が不要であることから不法就労者の送金手段として使用されたり，送金履歴が表面化しないため，いわゆる資金洗浄（マネーロンダリング）や脱税等に利用されるなど，様々な犯罪を助長するものであり，その取締りの必要性は高いにもかかわらず，検挙件数はそれほど多くはない。その原因として考えられることは，様々な国との間でそのシステムが構築されており，手口が多種多様であること，事件関係者が多数でその多くが外国人であることなどから捜査が難航する場合も少なくないことによるものではないかと考えられる。

◆◆解説・検討◆◆

 根拠条文の趣旨

　銀行法第4条第1項は，「銀行業は，内閣総理大臣の免許を受けた者でなければ，営むことができない。」と規定し，銀行業を免許制としており，この免許制度の実効性を担保するため，銀行法第61条第1号に，無免許で銀行

業を営んだ場合の罰則規定が定められており,「3年以下の拘禁刑若しくは300万円以下の罰金に処し,又はこれを併科する。」と規定している。

地下銀行事案の場合,無免許で銀行業を営んだ行為が処罰対象であるから,これらの条文を適用することになる。

 銀行業の定義

1 「銀行業」とは

①「預金又は定期積金の受入れと資金の貸付け又は手形の割引とを併せ行うこと」,又は,②「為替取引を行うこと」のいずれかを行う営業をいう。

「預金の受入れ」とは,金銭の消費寄託を受けることであり,受信業務である。一方,「資金の貸付け」とは金銭の消費貸借,「手形の割引」とは,満期前の手形の買入れであり,両者はいわゆる与信業務を形成している。すなわち,「銀行業」であるためには,受信業務と与信業務を併せて営むことが必要となる。したがって,貸付け又は手形の割引を行いながら預金等の受入れを行わないときは銀行法にいう「銀行業」には当たらないことになる。

さらに,銀行法で規制される「銀行業」はあくまでも営業として組織化された行為であり,前記行為を組織的・集団的に反復継続して行う必要があり,行為の相手方は不特定多数でなければならない。

2 「為替取引を行うこと」とは

「顧客から,隔地者間で直接現金を輸送せずに資金を移動する仕組みを利用して資金を移動することを内容とする依頼を受けて,これを引き受けること,又はこれを引き受けて遂行すること」をいう。また,送金依頼人から,外国への送金の依頼を受け,送金資金を受領した上,直接現金を同国内に輸送せずに,同国在住の共犯者に対し送金先銀行口座等を連絡して支払方を指図し,同国内にある銀行口座の資金を用いて送金依頼人の指定する銀行口座等に送金受任額相当額を入金させた行為は,銀行法第2条第2項第2号にいう「為替取引を行うこと」に当たるとしている(最決平

13.3.12刑集55・2・97)。

<為替取引の種類>
　正規の銀行が行う為替取引には，通貨を異にしない隔地者間で行われる内国為替と通貨を異にする地に居住する隔地者間で行われる外国為替があり，外国為替には，外国送金取引，隔地者間の債権債務を決済する輸出為替取引・輸入為替取引がある。

 検　討

1　地下銀行の仕組み

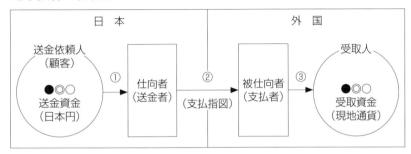

送金手続の流れをみると，上記図のように
① 顧客から送金依頼を受け，これを引き受けて送金資金を受領するという対顧客取引
② その地下銀行が離れた土地にある提携先の地下銀行に対し，受取人への支払を指図するという銀行間取引
　・支払指図とは，電話，ファックスなどにより，被仕向者に受取人・支払額を指定して指図すること。
③ その土地にある支店（地下銀行）などから受取人に支払われる顧客取引
　・被仕向者は，手元に準備した資金（プール資金）から受取人に現地通貨で支払う（日本円で支払う場合もある。）。
という流れになる。

> **Comment** 仕向者とは，顧客から送金や振込の依頼を受けた者のことをいい，仕向者に対して，送金先となる相手方のことを「被仕向者」という。

　地下銀行においても，正規の海外送金取引と同様，我が国に滞在する送金依頼人，送金依頼人から依頼を受けて資金を受領し受取人の居住する国にいる被仕向者に支払指図を行う仕向者（仕向銀行に相当），仕向者からの支払指図を受けて受取人に支払う被仕向者（被仕向銀行に相当）及び外国に居住する受取人の4者が存在する。

　仕向者は通常，送金依頼人から依頼を受けて送金資金を受領した後，電話やファックスを使用して，外国にいる被仕向者に受取人及び支払額を指定して支払指図を行い，被仕向者は，仕向者から支払指図を受けて，手元に準備していた資金（プール資金）の中から，受取人に現地通貨で直接交付し，あるいは受取人の口座に入金するなどして支払をする。

　支払指図を受けて直ちに受取人に支払わなければならない関係上，被仕向者の下には受取人に対する支払のためプール資金が存在するのが一般的である。

2　地下銀行と為替取引

　銀行法第2条第2項第2号にいう「為替取引」は，隔地者間の金銭債権債務の決済あるいは資金移動を現金の輸送によらずに行う仕組みと解されるので，為替取引には債権債務を前提とせず，資金移動を現金輸送によらないで行う場合も含まれる。したがって，現金輸送によらない国外送金は「為替取引」に当たり，これを無免許で行えば銀行法違反として処罰されることになる。

　無免許で銀行業を営んだものと判断された裁判例には次のようなものがある。

・日本国内に在住する被告人が，中国に送金を希望する複数名からの依頼を受けてこれを引き受け，中国にいる共犯者に対し，受取人氏名，送金受任額，送金依頼人氏名等を連絡してその旨の支払を求め，共犯者において，その保管する現金の中から送金受任額相当額を受取人に支払い，送金依頼人に送金受任額及び手数料を被告人らが管理する預金口座に入金させる方法で海外送金を行っていた事案であり，業として為替取引行為を行って銀

行業を営んだ旨判断された（横浜地判平15. 1 . 25公刊物未搭載）。

・被告人が，複数の送金依頼人から集めた送金合計額を，日本の銀行から香港の銀行の複数名義の預金口座宛に日本円でそれぞれ送金した上，香港の銀行の各預金口座から，被告人からの送金をアメリカドルで引き下ろし，その資金で香港において地金や電気製品等を購入してネパールに持ち込み，同国内でこれらの品物を売却して同国通貨に換金した上プール資金とし，その中から受取人に現金を渡していた事案であり，為替取引に該当する旨判断されている（東京高判平10. 9 . 29東高時報49・ 1 ＝12・59）。

Comment　送金資金の送金の形態は様々であるが，その中には，同資金を正規の銀行を介して行う場合もある。そこで，送金資金の送金に正規の銀行が介在した場合であっても銀行法違反が成立するか否かが問題となる場合がある。以下に例示を掲げる。

① 被仕向者（被仕向銀行に相当）が送金資金の送金を待つことなく，先に受取人にプール資金から支払指図相当額を支払い，その後仕向者（仕向銀行に相当）がプール資金の決済として正規の銀行を通じて送金資金を送金する場合は，既に隔地者間の資金移動を現金の輸送によらず行って為替取引が終了しているので，銀行法違反が成立することに問題はないと思われる。

② 被仕向者が受取人に支払った資金の原資が，仕向者が正規の銀行を介して送金した資金である場合には，隔地者間の資金移動が正規の銀行によって行われているので，法律上許された為替取引であり，銀行法違反とならないと解される余地もあるので留意が必要である。

3　地下銀行が用いられる理由

日本の金融機関では，いわゆるマネーロンダリング防止の観点から1990年10月 1 日以降，口座を開設するなどして銀行取引を行う場合には，本人確認を行うこととしている。

また，外国為替及び外国貿易法の改正により，銀行は海外送金を行う場合には，当該顧客の真偽を確認するよう努めなければならないとし，身分を証明するものを提示しなければならない。外国人の場合，在留カード（以前は「外国人登録証明書」），旅券等を示すこととされている（外国為替に関する省令 8 条 1 項 2 号）。

さらに，同日施行された内国税の適正な課税の確保を図るための国外送金等に係る調書の提出等に関する法律により，国外送金をする者は，金融

機関の営業所などの長に対し，その者の氏名，住所，当該国外送金の原因となる取引又は行為の内容などを記載した告知書を提出するとともに，本人確認のための書類として外国人の場合は，在留カード，旅券等を提出しなければならないこととされている（同法3条1項，同法施行令5条1項，同法施行規則4条2項7号，8号）。

　不法入国者（不法在留者）は，身分を証明するもの，例えば在留カードもなければ旅券もなく，正規の銀行からの海外送金をすることができない。そこで，同国人が営む海外送金業者であれば身分を証明するものも不要であること，手数料はおおむね2,000円前後と安く，即日送金先に届くこと，言い換えれば「安い，早い，安心」が地下銀行の拡大につながっているものと思われる。正規の銀行を介すると手数料は約倍以上で，期間も1週間近く要する。地下銀行の利用者は，日本に出稼ぎに来ている者で，「安くて早いので使っていた。」という者がほとんどである。

 捜査上の留意事項

＜送金システム全般＞
(1) 仕向者が，送金依頼人から依頼を受ける方法
　　→送金依頼人に直接会うのか，電話で受け付けるのかなど
(2) 送金資金を受け取る方法・受け取る通貨の種類
　　→直接現金で受け取るのか，銀行振込か，現金書留郵便か
　　→日本円か米ドルかなど
(3) 送金依頼人から受け取る通貨と受取人に支払う通貨が異なる場合は為替レートの換算方法
(4) 送金手数料の有無，金額，計算方法その他営利目的の有無及び利得額
(5) 被仕向者に対する支払指図の方法
　　→電話，ファクシミリ，インターネットメールなど
(6) 被仕向者が，受取人に資金を支払う方法，支払う通貨の種類
(7) 被仕向者におけるプール資金の有無，その管理状況
(8) 被仕向者に対する資金の送金方法
　　→プール資金の補てん方法
　　　・最近では，仮想通貨を介したり，中古車を輸出し現地で販売してプー

ル資金に充当するなどの事例も見られる。

＜個々の送金依頼，支払に関する事項＞
(1) 送金依頼人の特定
　　→氏名と被疑者との関係
(2) 送金依頼を受けた日時・場所，方法
　　→受付帳の押収（送金額，受取人・送金依頼者の連絡先等が記載されていることが多い。）
(3) 送金依頼の内容
　　→送金受任額，受取人の氏名など
(4) 為替レートの換算方法
(5) 送金手数料の額
(6) 被仕向者に支払指図した日時・場所，方法，内容
　　・仕向者に当たる被疑者（日本在住）らは，被仕向者（海外在住）の担当者に対して支払金額や受取人を一覧表にしてファックス送信していることが多いのでこれらの押収・分析をする。
(7) 被仕向者が受取人に支払った日時・場所，方法，通貨の種類，金額
(8) 各被疑者の役割・犯人性・関与の時期
　　・日本国内，外国における被疑者の相関図を作成する。
　　・送金システムのチャート図を作成する。

- 地下銀行事件は，違反行為が多数回に及んでいることが通常である上，捜査事項も多岐にわたり，外国からの証拠収集もあり得るので効率的な捜査遂行を心掛ける必要がある。
- 個々の違反行為については，上記(1)から(8)等に関して，被疑者・参考人の取調べや関係証拠の分析の結果確定した事実を，その根拠となる証拠と共に一覧表に取りまとめておくことをお勧めしたい。

Comment　送金システムのうち，外国に係る部分及び受取人への支払事実に関する証拠収集は，被仕向者及び受取人がいずれも国外にいるため，その捜査に困難を伴うことがあるが，国内における被疑者の取調べ，押収した証拠の分析のほか，国内にいる送金依頼人を取り調べて被仕向者から受取人に支払われた事実

を確認したり，被疑者を介し，被仕向者からプール資金の保管や受取人に対する支払事実を示す通帳・帳簿等の書類を郵送させたり，送金依頼人を介し，受取人から支払事実を立証する関係書類を郵送させる等の方法により，ある程度の証拠収集は可能である。しかし，これらの国内捜査で不十分な場合には，国際捜査共助あるいはICPOルートの手段によって必要な証拠を収集することになる場合もあり得る。

営利の目的

最高裁判決では，銀行法と類似の規定を有していた旧相互銀行法第4条違反の罪（無免許相互銀行業）について，営利の目的を要しないとしている（最決昭35．7．26刑集14・10・1295）。

銀行法第61条は構成要件上営利目的が不要であるとしても，その有無は情状に関する重要な事実であるので，その有無や利得金額について明らかにしておく必要がある。

 取調べ要領

＜送金業者＞

1 送金代理業を始めた動機，経緯

2 送金代理業を始めるための事前準備の詳細
   - 1 本国側の仲間をどのようにして集めたのか，責任者は誰にしたのか
     ・信頼度の高い人物を集めないとお金を持ち逃げされたりするおそれがあるため，多くの場合，その親族で固めることが多いと思われる。
   - 2 プール資金の調達方法（本国の仲間との話し合い（共謀））

3 役割分担，報酬額の取決め等
   謀議の有無・内容，その時期（同席者＝共謀）

4 本国側との連絡調整役は誰か
   連絡調整の内容の詳細

5 顧客取引状況詳細
   受付帳，金銭出納帳，預貯金通帳，取引明細書などを基にして詳細に

取調べ要領　199

　　→受付担当は誰か，銀行口座への入金確認は誰が行うのかなど

6　プール資金の送金方法

　　正規の銀行を介して送金する，帰国者に依頼する，日本への出張者に託す，他の地下銀行利用の有無など

7　手数料の取決め

8　送金方法（先払い式，後払い式）

　・本国の事務所に受取人を呼び出し，送金依頼者と会話させ，送金依頼者からその場で受取人に現金を渡し，受取人に現金を受領したことを確認させる場合もあり得る。この場合は，その手段をとった経緯など

9　本国の仲間との連絡方法

　　ファックス等の証拠物を提示し説明を求める。
　・外国語で記載されている場合には，通訳人に翻訳を依頼しておく必要がある。

＜顧　客＞

1　在留資格・滞在期限

2　地下銀行を知った経緯

　・友人・知人から聞いた
　・日本滞在者向けの雑誌（冊子）に掲載されていた
　　→この場合その雑誌（冊子）を特定・入手し，通訳人に翻訳を依頼して証拠化する必要がある。

3　地下銀行を利用し始めた時期とその理由

　・利用し始めた理由については，「不法滞在者で身分証明書を持っていないから」，「手数料が安く即日送金できるから」等が多いと思われる。
　・多数存在する地下銀行の中で，例えばＡを選択した場合，なぜ，Ａを選択したのかその理由（例えば「経営者が本国の同級生と知ったから」，「対応が親切だから」など，その者が感じたことを録取する必要がある。）

4　送金代理業者からの説明事項の詳細，手数料の額

200   9   銀行法違反（地下銀行）

5   地下銀行への送金依頼方法

現金持込み，口座振込，集金等の別

6   送金依頼回数と送金額合計

送金依頼メモ等の存否

→存在する場合は任意提出を受け，これを提示しながら取調べを実施する（翻訳は当然の事柄）。

Comment   地下銀行（代理送金業）の事案は，食料品販売店，レンタルビデオ店などで取り扱われることが多くみられるが，中には組織化しているものもある。

また，送金手数料収入等は隠匿している者がほとんどであると思われるので，捜査機関がこの種事案を検挙した場合には，国税と協議あるいは情報提供するなど相互協力の必要があると思われる。

2022年8月，ベトナムに十数億円を不正送金した銀行法違反（無免許営業），犯罪収益移転防止法違反（口座譲り受け）の検挙事例がある。

10
旅券不正取得

想定事例

　Aは，既にオーバーステイになっていたが，本国と日本との間を荷物を持って往来すればいいという仕事を見つけた。しかし，Aが日本に来た際に使ったパスポートは，借金の担保として預けたまま，既に10年が経過していた。

　以前にたまたま飲食店で顔見知りとなったYから「日本の運転免許証，パスポートも作っている。必要なときには連絡して。」と言われていた。

　何度目かにYに会ったとき，「日本と本国とを行き来しながら仕事をする予定になった。正規に日本から出国して入国したい。」と話し，有効期間10年用の赤いパスポートがあることを知ったため，「そのパスポートを手に入れたい。」と頼んだ。数日後Zと名乗る男から電話を受けて喫茶店で会い，話を聞いた。Zは「日本人のパスポートを手に入れてあげます。それには50万円が必要だけど大丈夫ですか。その他写真2枚を準備してください。」と言われ，日本人の赤いパスポートを手に入れたいことを再度頼んだ。1週間経過した頃，Zからの連絡を受け指定された喫茶店に出向きZと会ったが，その際Aと同年配の日本人男性Xがいた。Xの名前でパスポートの発給申請をするとき，既にXが下書きしていた「一般旅券発給申請書」を見ながらAが必要事項を記載した。申請に必要な書類は全てXが準備していた。申請書類を作成し旅券の発給申請をしたその帰り，「ここに書いてあることは全て覚えておけ。質問されて答えられなかったらアウト…。」とZに言われた。Zの言うことはよく理解していたので，本籍，氏名，生年月日，住居等を必死になって暗記した。その後，無事AはXの名前でAの顔写真が転写された赤いパスポートを手に入れ，日本と本国とを行き来するようになった。

202　10　旅券不正取得

Q この場合，Aはいかなる刑責を負うか。

A 旅券不正取得罪（旅券法23条1項1号），免状等不実記載・同行使の罪（刑法157条2項，158条1項），有印私文書偽造・同行使の罪（刑法159条1項，161条1項），不法入国（入管法70条1項1号）・出国罪（入管法71条〔25条2項〕）の刑責を負う。

―――――■　根　拠　条　文　■―――――

旅券法第23条第1項第1号
　この法律に基づく申請又は請求に関する書類に虚偽の記載をすることその他不正の行為によって当該申請又は請求に係る旅券又は渡航書の交付を受けた者
罰則：旅券法第23条第1項第1号
　5年以下の拘禁刑若しくは300万円以下の罰金，併科規定有
※刑法・入管法に関しては条文掲示省略

◆◆解説・検討◆◆

　用語の意義

1　旅券法第23条第1項第1号の「虚偽の記載」とは
　旅券発給に関する書類に事実に反する記載をすることをいい，申請者の名義に関して虚偽があった場合も含むと解される。

2　「その他不正の行為」とは
　旅券発給手続の適性を害する一切の行為であって社会通念上不正と認められるものをいい，欺もう手段の行使等も含まれると解される。

　他罪との関係

1　免状等不実記載罪・同行使の罪
　公務員に対し虚偽の申立てをして，免状等又は旅券に不実の記載をさせているので，免状等不実記載の罪を検討する必要がある。

他罪との関係　　203

刑法第157条第2項にいう「虚偽の申立て」には，申立て事項の内容について虚偽のある場合に限らず，申立人の同一性に関して虚偽のある場合も含むと解されている。

2　有印私文書偽造・同行使の罪

　Aは，Xの名前で一般旅券発給申請書を作成しているので，有印私文書偽造・同行使罪の成立には問題はないと思われる。想定事例ではXの同意がなされているが，文書の性質上，その名義人自身による作成だけが予定されている文書については事前に名義人の同意があっても，名義人は表示された意思・観念の主体とはなり得ないのでその同意に基づいて作成することは偽造罪に当たると解される。

⇩

1・2により実務上，旅券不正取得罪のみで取り扱うことが多い。

3　不法入国・不法出国罪

　Aは本件旅券を使用して入国・出国を繰り返しているが，Aが所持するA名義の旅券としても，そもそも他人の名前の旅券であるので，その旅券は無効と解される。したがって，出国確認を受けないで出国したと言わざるを得ず，不法出国罪が成立すると考えられる。入国の際は不法入国となる。

　想定事例に当てはめると

　　A＝Zを介し，Xの名前で一般旅券発給申請書を作成して提出・行使しているので「有印私文書偽造・同行使罪」が成立

　　A＝公務員に対し，Xに成りすまして一般旅券発給申請をし，旅券にその旨記載させているので「免状等不実記載罪」が成立

　　A＝上記の不正行為を行った結果，A名義の旅券発給を受けているので旅券の「不正取得罪」が成立

10 旅券不正取得

```
外国人が日本人名義で    →    無効と解するのが妥当
不正に取得した旅券の
効力は？
```

> ※ 旅券は，所持人の国籍及び同一性を証明し，権限ある本国の官憲から外国の官憲に対して所持人の保護及び便宜供与を依頼するとともに，その旅券発給国において，その所持人が外国から強制送還されたような場合には，自国に引き取ることを保証することを内容とする。
> 　旅券法上，日本国政府発行の旅券は，日本国籍を有する者に対して発行されるものであり，想定事例ではもともと日本国政府の旅券を受給することができない外国人であるAに発行されたものであるので，この意味においても無効と解すべきである。

 取調べ事項

＜被疑者A＞

1 　身上経歴，本邦における職業，住居

2 　本邦及び本国での前科・前歴の有無
　　　退去強制歴の有無，出国命令に基づく出国の有無

3 　本件犯行の動機，経緯
　　　日本国の旅券を取得したいと考えるに至った経緯を明確に

4 　ブローカー関与の有無
　　　ある場合は，ブローカーを知った経緯，時期，方法及び他からの紹介か自ら接近したのか

5 　名義借人との関係（AとXとの関係）
　├ 1　Xについて前科・前歴の有無，過去に旅券発給の有無
　│　　・名義借りをする場合，その対象は，前科・前歴がなく，旅券の発給を受けていない者としている。
　└ 2　Xにつき，犯行の動機，経緯

6 　一般旅券発給申請書等の記載状況，その後の心理状況

7 　旅券交付を受ける際の心理状況

取調べ事項　205

8　当該旅券を使用して本邦からの出入国の回数等

9　謀議の日時・場所・内容

＜Xにつき＞

1　Zと知り合った経緯，時期

2　AにX名義の旅券発給申請を承諾した経緯（犯行の動機）

3　謝　礼
├─ 1　Aからの謝礼の有無
│　　→その金額受領方法等
└─ 2　Zに対する謝礼の有無

＜Zにつき＞

1　Xと知り合った経緯，時期

2　Aと知り合った経緯，時期
　　　Aに指示した内容（旅券申請に当たり必要な書類などの準備等）

3　Xとの事前打合せ（謀議等）

Comment　◆　旅券発給申請時に必要となる書類

①一般旅券発給申請書
②戸籍謄（抄）本1通 … 申請日前6月以内に作成されたもの
③住民票1通 … ②と同様
④写真1葉（規格が決められている）
⑤申請者本人に間違いないことを確認できる書類（運転免許証等）

犯罪事実記載例

〔被疑事実〕
　被疑者は，○○国の国籍を有する外国人であるが，本邦に不法に在留して帰国できなくなったことから，日本人名義の旅券を取得して○○に向けて出国しようと企て，令和○○年○月○日，○○において，○○県知事を経由して外務大臣に対し一般旅券の発給申請を行うに当たり，申請者は自己であるのに，前記旅券発給申請書に申請者○○と虚偽の記載をし，自己の写真を添えて○○係員に提出し，同年○月○日，○○において，同県知事から外務大臣の発行した前記申請に係る○○名義の一般旅券の交付を受けたものである。
〔罪名及び罰条〕
　旅券法違反　同法第23条第1項第1号，第3条
〔法定刑〕
　5年以下の拘禁刑若しくは300万円以下の罰金，併科規定有

■ ブローカーが関与した事例の取調べ事項 ■

想定事例

　Aは，日本の暴力団員BからY会社を紹介してもらい，本国のブローカーと結託して日本での稼働を希望する者を募り，旅券を取得させた。
　Aは，Y会社名義で雇用契約書を偽造した上，「技能」の在留資格認定証明書交付申請書を作成して提出し，在留資格認定証明書の交付を受け，これを本国のブローカーに送付し，在○○日本国総領事官から査証の発給を得て，6人をそれぞれ日本に上陸させ，1人当たり300万円の手数料を受け取り，工場，飲食店等を紹介して稼働させた。

 取調べ事項

<ブローカー>

1　身上経歴，日本における職業，住居

2　日本及び本国での前科・前歴の有無

3　犯行の動機，経緯
　─1　なぜ，雇用契約書を偽造することにしたのか
　─2　作成名義人との関係
　　　→雇用関係の有無，交友関係等
　─3　犯行のためにどのような準備をしたのか
　─4　文書偽造を決意した時期
　─5　使用した用紙及び印章の入手経緯
　─6　この手段方法は自ら考えたものか他の模倣か
　─7　偽造したことの認識
　─8　在留資格認定証明書交付申請に必要なものはどのようにして入手したのか

4　この手段方法によって日本に上陸させた始期はいつか

5　１人当たりの手数料はどのようにして計算したのか（相場だとしたら他にもこの種事案が敢行されている）

6　本国のブローカーとの連絡方法とその頻度

7　本国のブローカーとの取決めの内容（共謀内容）
　　　役割分担，収益の分配率，支払方法　等

8　日本における共犯者の有無
　├─1　謀議の日時・場所，謀議内容，役割分担，収益の分配方法　等
　│　→報酬の分配率，支払方法　等
　└─2　手続関係に共犯者の有無
　　　　→ある場合は，その者の役割，報酬額

9　この手段方法により不法に上陸させた人数は何人くらいか

10　日本に上陸した者に対する職業あっせんの事実の有無
　　　有害業務のあっせんをしていないか，中間搾取はないか

＜上陸した外国人＞

1　身上経歴，日本における職業，住居

2　日本で稼働する目的は何か

3　日本に行くことについては，誰かのあっせんか，勧誘か

4　ブローカーとの関係
　　　・友人・知人を介して知った　等

5　ブローカーとの接触の頻度

6　必要書類の指示の有無

7 必要書類の種類とその入手方法等

・公の機関の証明書等も偽造してもらった　等

8 旅券の取得状況

自ら取得したのか，ブローカーを介して取得したのか

9 日本への渡航費用の原資

自己資金か，借金か

10 稼働先の紹介，金銭の支払等

├─1　日本上陸後の稼働先は誰から紹介されたのか
│　　→手数料の有無
└─2　上陸後に謝礼名目での金銭支払の有無
　　　→ある場合は誰にいくら渡したのか

11 稼働先と稼働状況，賃金の支払方法

12 賃金の使途

・借金返済，家族への送金　等

Comment　日本での稼働を夢見る者は，友人・知人，ブローカー等を頼るなどして日本に上陸できる方法を探す。その一方では，日本での稼働を夢見る者を探し，あらゆる手口で日本に上陸させることを試みる者がいる。ここでブローカーが暗躍し，ビジネス化が加速していると思われる。

11 窃盗（スリ）

想定事例

　ある日私たち 3 人は某国から東京駅にきた。兄貴から東京にスリ出張に行って来いとの命令があったからだ。私は「スリ取る」役だ。風をつかむ役から一歩前進した。Aは「風をつかむ役」，Bは「見張り役」，カードを使い銀行から現金を引き出す役だ。ある女性が目に入った。私は咳き込んだ。それが「やるぞ」という合図だ。そのカモが電車に乗る時まで後をつけた。AとBが同時に動いた。Aが女性の前に立ち，私がカモの後ろへ，Bが私の後ろに立った。電車のドアが開くとAが乗り込み，私がカモを押し込みハンドバッグの中から財布をすり取った。Bは私を押しながら周りの動きや視線を見張る。「成功だ」。そして，駅のエスカレーターで前に立っていた男性が背中に斜めにかけていたバッグから財布をつかみ引き出した瞬間，「スリだ」という声と共に腕をつかまれ，私たち 3 人はスリの現行犯として逮捕された。

■ 根 拠 条 文 ■

刑法235条

　他人の財物を窃取した者は，窃盗の罪とし，10年以下の拘禁刑又は50万円以下の罰金に処する。

◆◆解説・検討◆◆

1　スリの定義

　日本では，スリを「電車・バス・その他の交通機関，盛り場，競輪・競馬場，祭礼や縁日等，人の集まるところや雑踏する場所で，その人込みを利用して人の身辺に追従・接近して洋服のポケット又は手に持っているハンドバッグ，手提げかばん，手提げ袋などから金品を抜き取り窃取する」と定義付けている。

　外国人スリの特徴は，分業体制が多くみられる。

諸外国の例として，スリは何十年もの時間をかけて明確な分業体制を確立してきた。相棒役は，ハンターに従う猟犬のように引き抜き役の指示に従って仕事をする。「風をつかむ」役は，「幕」役として，スリをしやすいように見張りながらスリをしやすい雰囲気をつかむ。引き抜き役は，あらかじめ仲間同士で決めておいた符号で知らせる。

スリ犯人は，一般の窃盗犯人とは相違した特質を持っている。他の犯罪に比較して技術と度胸を必要とすることから，相手の心を読み取って敢行し，前科を重ねている者が多く，他の犯罪に比べて機敏で頭脳的動作を必要とするので，知能程度は低くなく，常習者には性格が温和なものが多い。

スリの用語として，次のようなものがある。

☆引き抜き役

実際に盗みを実行する者で，スリ取り役，真打ち，ツール（道具），鉤，ワイヤー，機械屋，技術者などともいわれている。

被害者の前後又は左右に接近し，刃物を使用せずに被害者の着衣ポケットなどから金品を抜き取るもので，多くの場合数人がグループとして行動し，獲物（スリの被害者）を見つけた際には主犯格の者による合図によって，2〜3人が被害者に接近し，スリ取る。

被害者の着衣ポケットやバッグ内から金品を抜き取る際には，多くの場合週刊誌，新聞紙，セカンドバッグ等を幕として使うことが多くある。

☆幕・幕を張る

風をつかむ役，見張り役，しき，ガードともいわれる。実際にスリ取るところを被害者や第三者に見られないように抜き取り役の手の内（中）を隠す，自分の上衣や新聞紙，雑誌などを幕として使い，スリの手元を他の者に見られないようにする。

☆手隠し屋

吸い取り役，受け取って隠す役割ともいわれる。

相棒役が二人以上いるスリ団では，そのうちの一人がカモの横に立ち，抜き取り役の手の動きを隠す仕事を担当し，スリ取り役が取った金品を素早く受け取って隠す役割を兼任する場合が多くみられる。

☆舵取り屋

移動型スリ団の相棒役がその役割を果たし，各地で開催される記念行事などにあわせて実入りがよくなるように旅行日程を立てる担当者である。

日本語を習得している者も多く，日本語が話せ，読むこともできるので切符を購入するほか駅での乗換などに詳しい者

時刻屋→時刻表に詳しい者

発見屋→稼ぎの良い場所と時間を発見する者

予定屋→仕事の予定をたてる者

等が舵取り屋となっている。

舵取り屋の中には，各地の警察の動きや他のスリ団の縄張り，交通の便などについて豊富な知識をもつ者が多くスリ団から引っ張りだこといわれている。

☆看板役

相棒役がカモの正面で仕事をするときの隠語である。

「押し込む」「押し出す」→相棒役が人込みの中で抜き取り役が仕事をしやすい位置にカモを誘導し，あるいは抜き取り役がカモに近づくまで手際よくカモを押さえつけておくことの隠語である。

☆カモ

一般的には財布（金品）を携帯している人を指すが，「獲物」を指していうことも多くあり，スリの相手方（被害者）をいう。

☆中抜き

財布等から現金等のみをスリ取り，財布等はそのままにしておく手口

☆断ち切り

「当て使い」ともいわれ，安全カミソリ等の刃物で洋服の内側から内ポケットの下部，手提げかばん，ハンドバッグ等を切り，在中の金品を抜き取る手口

☆ぶらんこ

被害者が電車・列車，飲食店等の洋服掛けに掛けた洋服などの上から犯人がその上に自分の洋服を掛け，これを幕にしてその下にある被害者の洋服のポケット等から金品を抜き取る手口

☆わぬき

指輪やブレスレットを目的とするもので，電車・列車内等で仮睡・泥酔している者から抜き取る手口

☆けいちゃん師

時計専門のスリで，電車内等で仮睡・泥酔している人から時計のバンドの留め金を外し取る，乗り降りの混雑を利用してバンドを引きちぎって取る方法

☆乗っ込み

電車や列車等に押し合いながら乗る際に，事前に物色しておいた被害者に接近して尻ポケット等からスリ取る手口

☆受け

電車・列車等の乗降口にいて，乗り込んでくる客を物色し，被害者の正面等から受けるようにしてスリ取る手口

☆違い

犯人が対向して歩いてくる被害者とすれ違いざまに犯行に及ぶ手口

☆扇返し

電車等からいったん下車し，忘れ物でもしたかのようなふりをして車内に戻り，降りてくる被害者から「受け」「違い」の方法でスリ取る手口

☆並び

被害者と並行して歩きながら外ポケット，ハンドバッグ等からスリ取る手口

☆はさみ

人差し指と中指を左右に動かし，ハサミの刃のように開閉してポケットの中の財布等をつかんで盗む手口

Comment ◆ スリ犯人発見時の措置

(1) 単独犯か複数犯かを確認すること
　単独犯と思い込みその者だけに注意していると，共犯者に気付かれ逃げられてしまうことがある。

(2) 被害者の何を狙っているのか確認すること
　被害者のポケットのボタン，かばんのチャックがかかっているか等を確認して犯

人の狙いを見極めることが重要である。

(3) 犯人・被害者の服装及び犯行時刻を確認しておくこと

この点は，現行犯逮捕の際に重要となる。

(4) 犯人の利き手を確認しておくこと

犯人の利き手がどちらであるかは，犯人が複数の場合の幕の位置にも関係し，したがって捜査官も利き手の見える位置に配置する必要があるので，利き手の確認は重要である。なお，幕を使用する場合としては，①被害者や第三者の目を覆うために使用する場合，②犯人の手先が見えないようにするために使用する場合，③幕に使用した後，盗品の隠し場所として使用する場合などがある。

(5) 犯人の技術の程度を確認すること

これによって，逮捕する場合の配置などを検討できる。

(6) 現場における犯人，被害者及び警察官の位置を確認すること

位置関係は，現行犯人逮捕手続書の「現行犯人と認めた理由」欄に記載すべき事項である。

2 成立要件

窃盗罪は，他人の財産を自分の物にすることであり，領得罪に分類される。

領得罪の成立には，主観的要件として故意のほかに不法領得の意思が必要であるとするのが判例・通説である。判例は不法領得の意思を「権利者を排除し他人の物を自己の所有物と同様にその経済的用法に従い，これを利用又は処分する意思」と定義し，「永久的に他人の物の経済的利益を保持する意思であることを必要としない」としている（最判昭32.3.19刑集118・367）。財産犯の成立には，財物の経済的用法に従って，これを使用し，収益し，又は処分しようとする意思が当初から存在することが必要であるとする考え方が採られている。

3 実行の着手・既遂

窃盗罪については，未遂は罰せられるが，予備罪は罰せられないので，特に実行の着手時期が重要となる。

判例によれば，窃盗罪の実行の着手とは，「他人の財物に対する事実上の支配の侵害に密接な行為」を開始したときとされる（最判昭23.4.17刑集2・4・399など）。また，既遂の時期については，「占有を取得したとき」とするのが通説・判例である（最判昭23.10.23刑集2・11・1396）。

スリ事犯の場合の着手時期について，スリ犯人が，窃盗目的で他人のポケットに手を差し込めば，実行の着手ありと考えられる。被害者のポケット内に現金があることを知ってこれをスリ取るべくその外側に手を触れた場合にこれを窃盗の着手と認めた例がある（最決昭29.5.6刑集8・5・634）があるが，一般的にいわゆる「あたり」行為のようにポケットの外側に手が触れたときに着手が認められるかどうかについては問題がある。

国電内においてスリをしようと思い，被害者の携帯したハンドバッグの口金を開けようとして，手をハンドバッグに触れ，口金付近を探った事件で「ハンドバッグの口金を開けなければ窃盗罪の着手はないと解すべきではない」とした例がある（東京高判昭31.10.24東高時報7・10・391，判タ65・95）。

4 捜査上の留意事項

スリは，常習的，職業的に，時には集団で敢行されるものであり，また，犯人は熟練した窃取技術によって，被害者の僅かな隙に乗じて犯行に及ぶものであるため，被害者がこれを阻止することあるいは捜査機関が犯人を検挙することが非常に困難な悪質事件であり「重要窃盗犯」と称せられている。

スリは，他の窃盗とは異なり，現場に遺留された指紋，足跡痕，遺留品及び犯行手口等から犯人を割り出していくといった捜査手法を実施するための捜査資料が得られないことから，犯行現場において現行犯逮捕する以外に検挙の途はない。スリについては通常，現行犯逮捕した者の現認しか被疑者を犯人と認める証拠は存在しないのであるから，現行犯逮捕手続書や逮捕者の上申書（現認報告書）等は重要なものである。

検察官の留意事項としては，

① 逮捕者が被疑者をスリと判定してその動静を注視するに至った経緯に不自然・不合理な点はないか（スリ犯を発見した状況が手続書などに出ているか）

② 被疑者のスリ取り行為を現認しているか

③ その現認状況は，被疑者，被害者及び逮捕者等の位置関係からして不合理・不自然ではないか

④ 被害品の確保及び被疑者の所持品の確保はされているか，その経過に不自然・不合理な点はないか
⑤ スリ行為に及んだ被疑者の行為にスリ犯人として不自然・不合理な点はないか（例えば，その行動が不自然で周りの者からも不審がられる体制を取っていないか）
⑥ 逮捕に関係した捜査官の供述内容に相互に矛盾する点，当然触れていなければならない事項について欠落しているなど逮捕行為者側の供述に不自然・不合理な点は存在しないか

などを確認する必要がある。

 取調べ事項

被疑者が外国人の場合は，日本における住居地，来日の目的，入国年月日，在留資格，旅券携帯の有無を確認する必要がある。事実関係を全面的に認める者，否認する者，一部を否認する者等様々である。

1 犯行の動機
- なぜ盗み（スリ）をするに至ったのか
- その被害者を狙った理由は何か
    共犯事件の場合，仲間からの指示によるものではないか
        指示の仕方，合図の取り決めなど
- 本国での交友関係（スリ仲間，遊び仲間等）

2 準備行為
- 犯行のために準備したものはないか
- 幕は使っていないか（週刊誌，セカンドバッグ等が幕として用いられることが多い）
- 犯行当時の服装・携行品（共犯者がいる場合には，共犯者についても聴取する）

3 犯行の日時場所
- なぜその日時を選んだのか（通勤客で電車が混雑している時間帯等）

4 犯行状況

- ・自分の利き手は右手か左手か（手に負傷などしていないか，包帯は用いていないか）
- ・共犯者の動き等（誰が幕の役をしたのか）それぞれの位置関係
- ・抜き取り役からは，犯行の詳細

　　例えば，目の前にセカンドバッグを斜め掛けにした男がおり，その前には仲間のAがいた。ラッシュ時間帯の電車に乗り込む際，Aが被害者の進路を邪魔するように立ち抜き役Bが被害者の背後からチャックを開け右手親指，人差し指，中指の3本の指で財布を取りだしたところ「スリだ」という声と共にBは財布を持った右手を捕まえられた。…　状況が分かるように調書化する。

5 共犯関係

- ・共謀の日時・場所，謀議の内容
　　役割分担…リーダーはC，幕役はA，実行役はB
　　カモの選定…リーダー
　　合図…咳払い
　　成功報酬分配方法

12
盗品に関する罪（ヤード）

想定事例

　Aは，Bと共に，首都圏で自動車を盗み出し，Cに複数回利用していた○○県郊外にある外国人Zが営むヤードに運搬するよう指示し，Cは，Zのヤードまで自動車を運搬した。Zは，ヤード内に別の業者が取りに来るまで，その自動車を保管していた。Zのヤードは，その周囲を3メートルくらいの高さの鋼矢板で取り囲み，同国人らしい外国人5，6人が自動車の解体作業をしていた。

◆◆解説・検討◆◆

1　盗まれた自動車の行方

①　一時的に放置

　一般的に車両盗難は発生してから3日間が最も重要な期間といわれている。窃取した自動車をコインパーキングや河川敷の駐車場などに放置される場合があるといわれているが，それはセキュリティ用のGPSが装着されているか否かを見極めるためといわれている。GPSが装着されていればその信号を手掛かりに車両の位置を特定することができ，セキュリティ会社を経由して警察へと通報が行き，盗難車両として発見回収される。しかし，GPSが装着されていない場合は，一定期間（一晩程度）放置しても車両が回収されないため窃盗団はその車両を手に入れることができる。

②　ヤードで解体

　そもそもヤードとは，港湾施設等で輸出用貨物をコンテナに積み込む作業スペースを示す「コンテナヤード」に由来する。2011年版警察白書では，「ヤードとは，周囲を鉄壁等で囲まれた作業所等であって，海外への輸出等を目的として，自動車の解体，コンテナ詰め等の作業に使用

していると認められる施設のことをいい，農村部を中心として全国的に多数点在している。」としている。

　令和5年3月25日時点で，ヤード条例は都道府県では5条例，市町村では2条例が確認されている。全国で最初に制定されたのは，平成26年の千葉県条例であり，次いで，平成28年に三木市，坂東市及び茨城県の条例が制定され，更に令和元年に愛知県条例，令和2年に埼玉県条例，令和3年に三重県条例が制定されている。

　各条例によって規定内容は異なるが，概要は，「ヤードにおいて行う特定自動車部品の保管又は分離（千葉県）」，「ヤードにおいて行う自動車解体（茨城県，愛知県）」，「ヤードにおいて行う自動車の保管又は解体であって，輸出，譲渡又は引き渡しを目的とする行為（埼玉県）」などとなっている。また，警察職員の立入調査を規定している条例がほとんどである。

　盗難車を日本国内で流通させることは摘発リスクが高まるため，窃盗グループはできる限り早く輸出しようとする。輸出するに当たっては，窃盗グループに加わっている整備業者や解体業者らが，車台番号の刻印やコーションプレート（車両の詳細な情報が記載された金属板で，製造元や車台番号，車体色番号等が書かれている）と呼ばれる識別プレートを偽装したり，書類を偽造したりする手口を駆使する。ホイールなどは車両から取り外し，単体で売却する。パーツ単位になると履歴が追いにくく，盗難品であることが発覚しづらくなるためである。

　また，車台番号等を偽装する手口も見受けられる。車両には固有の番号が打刻されているが，その部分を削り取って別の番号を打刻したり，正規の番号を周辺鉄板ごと溶接して偽装するような事例も存在する。手を変え，品を変え様々な手段を使って盗難車両を別の車両に仕立て上げ，ナンバーを取得して車検を取得し，日本国内で流通させるだけでなく，海外へ輸出する場合も多くみられる。

③　組織化される自動車盗

　自動車盗においては，盗品である自動車の輸出，販売ルートを確立することが必要不可欠である。窃盗の実行犯は，盗品を長期間にわたって日本国内で保管すれば，警察に検挙される危険性が高まり，保管に要す

る費用もかさむため，なるべく早く来日外国人に販売することを望むことなどから，輸出・販売を担当する来日外国人側が犯行全般において主導的な立場に立っているといえる。

輸出を担当する外国人側が，盗品である自動車を運ぶ船舶の入港日時・場所，輸出先国で高額で売れる車種などを日本側の窃盗グループに伝え，指定された港湾施設に盗品である自動車を運搬するシステムを採用していたグループも過去には存在していた。

在日外国人が窃盗に及ぶこともあれば日本人がグループを作り，盗みを繰り返し，盗んだ自動車をヤードに持ち込んだり，指示を受けた港湾施設に運ぶこともある。

この組織は単なる窃盗団ではなく，一番厄介なのは実際に自動車を盗む実行犯，自動車をバラバラにして運ぶ運送犯，そして売却犯とグループごとに役割が分けられているため，そのうちのどれかが見つかっても，根本的な組織の撲滅につながらず，グループを変え次々と犯行を続けていくため，被害の拡大に歯止めが効かない状態が続いているといわれている。

Comment ◆ 自動車盗の実態

・犯罪グループが犯行に関与
・海外へ不正に輸出
　盗難被害に遭った自動車は解体されて中古部品として海外に不正に輸出されているものがあり，実際に海外において日本で盗難被害に遭った自動車の部品が多数発見されている。
・他の車両と合体させて販売・流通
　解体した盗難自動車を他の車両と合体させて真正な車両として不正に登録を受け，販売・流通させる例もある。
・組織犯罪の資金源となっている
　盗んだ自動車やカーナビ等を販売して利益を上げるなど，暴力団や犯罪組織の資金源となっているものがある。
・盗んだナンバープレートを他の犯罪に利用
　警察の捜査を逃れるため，盗んだナンバープレートを別の車両に取り付け，他の犯罪を行うときに使用する場合がある。

2 盗品等に関する罪

盗品等に関する罪は，財産犯のうち，いわゆる領得罪とされる窃盗，強盗，詐欺，恐喝及び横領の罪によって不法に領得された物について，これを無償で譲り受ける行為，運搬行為，保管行為，有償譲り受ける行為，有償の処分あっせん行為を内容とする犯罪である。

盗品等に関する罪が成立するためには，前提として，財産犯が行われたことを必要とする。親族等の間の犯罪に関する特例の適用を受ける近親者間で行われた窃盗は，刑を免除されるか，告訴されて初めて処罰されるが，盗んだ物は盗品等に当たる。また，刑事未成年である14歳に満たない子どもが盗んでも窃盗であるが，14歳未満であるため処罰されないだけのことであり，盗んだ物は盗品（贓物）である。14歳に満たない者が，他人の財物を窃取した場合でも，客観的に犯罪の構成要件要素を具備するときはその行為は窃盗であり，その財物は贓物であるとした判例がある（大判明44.12.18刑録17・2208）。

3 盗品等に関する罪の成立要件

盗品等に関する罪が成立するためには，本犯が既遂に達していることを要する。既遂に達する前に犯行に加担すれば財産犯の共犯となる。したがって，窃盗罪の実行を決意した者の依頼に応じて，将来窃取すべき物の売却を周旋しても窃盗幇助罪が成立するに過ぎないことになる（大判昭9.10.20刑集13・1445）。

次に，「盗品等」といえるためには，被害者が返還請求できるものでなければならないとされている。それゆえ，民法上の返還請求権が認められる場合は当然に盗品等の性格が認められるとともに，被害者が，その財物について明らかに追及権を欠き，又は喪失したときは，その盗品の性格は失われる。例えば，民法第192条（即時取得）によって第三者が所有権を即時取得したときは，その盗品の性格は消滅することになる。しかし，盗品又は遺失物については，即時取得の要件が具備されても，所有権は盗難又は遺失の時から2年間は占有者に対してその物の回復を請求することができるので，その間は盗品等の性格は失われない（民法193条）。加工によって財物の同一性が失われその所有権が工作者に帰属した場合も同様で

あるとされている。しかし，占有者が，盗品又は遺失物を，競売若しくは公の市場において，又はその物と同様の物を販売する商人から，善意で買い受けたときは，被害者又は遺失者は，占有者が支払った代価を弁償しなければ，その物を回復することはできない（民法194条）。

　例えば，盗まれた自動車が中古車センター等の公の市場でその自動車が盗まれたものと知らずに買い取られた場合には，盗まれた者はその占有者に対し，購入対価を支払わなければ，自動車の返還を請求することができない。

4　盗品であることの知情性（故意）

　盗品等に関する罪は，故意犯であり，故意の内容としては各犯罪類型について行為者に盗品であることの認識（知情性）が必要であるが，盗品等であることの認識は未必の故意で足り（最判昭23.3.16刑集2・3・227），目的物が何らかの財産犯によって領得されたものであることの認識があればよいと解されている。

5　盗品等の罪の形態

① 盗品譲受け等

　盗品等を無償で自己の物として取得することをいい，例えば窃盗犯人から盗んだ物をもらうとか，盗んだ金を無利息で借りる等盗品等の所有権を無償で取得することで，盗品の引き渡しを必要とする。本罪は，本犯が既遂に達した後でなければ成立しない。したがって，例えば窃盗の現場で奪取しつつある財物の一部を無償でもらい受けても，窃盗の共犯が問題となるだけであり，本罪は成立しない。

② 盗品等運搬罪

　「運搬」とは，委託を受けて盗品等の所在を移転することをいい，必ずしも本犯者からの委託を受ける必要はなく，有償であると無償であるとを問わない。本罪は，刑法256条第2項における他の罪と同じく，本犯を助長ないし幇助する行為であるが，その主たる処罰根拠は被害者の追求を困難にする点にあると解されている。その運搬する距離はさほど遠くでなくともよく，要は，盗品等を場所的に移動させて被害品の返還

を困難にさせれば足りると解されている。運搬は、単に契約では足りず現実に盗品の運搬を必要とする。

③ 盗品等保管罪

盗品等の保管とは、委託を受けて盗んだ物を保管することであり、有償、無償は問わない。追及を困難にするという観点からは、単に契約のみでは足りず、現実に物の引き渡しを受けて保管することを必要とする。

④ 盗品等の有償譲り受けの罪

有償譲り受けとは、盗品等を売買、交換、債務の弁済等の名義で対価を払って取得することをいう。

盗品等の引き渡しが必要であり、引き渡された以上は、代金の支払いを終えたかどうかは問わないし、さらに代金がまだ決まっていなくともよいとされている。

⑤ 盗品等有償処分あっせんの罪

有償あっせんとは、盗品等の有償的な法律上の処分行為（売買、交換、質入れ等）を媒介又は周旋することをいう（大判大3.1.21刑録20・41）。盗品等の売買、交換、質入れなどのあっせんが典型例であり、有償・無償を問わないとされている。

本罪が成立するためには、盗品等自体の存在が必要であり、将来窃取すべき物の売却をあっせんしても本罪を構成しないと解されている。

盗品等関与罪の成立要件
(1) 対象が「盗品等」であること
(2) 本犯でない者の関与であること
(3) 「盗品等」であるという認識があること

 ## 取調べ上の留意事項

外国人が関与している事件では、被疑者・参考人となる外国人の身上特定のほか、常に入管法を念頭に置く必要があります。

日本において就労可能な在留資格であるのか、不法滞在者ではないのか、

日本人の配偶者等の在留資格の場合，偽装結婚によるものではないのかなど留意すべき点は多々存在する。

　外国人が盗品等の罪に関係することが多いのは，その本国によって日本製の自動車が高く売れるという需要があること，つまりは金儲けができるという心理が強いと思われる。

　盗んだ自動車をヤードに持ち込んだ後短時間のうちにバラバラに分解し，自動車の部品としてコンテナに詰め込んで不正に輸出し，本国でそれを組み直す，組織的な背景が強い犯罪である。ヤードは，各県警が指摘するとおり，外国人犯罪の拠点という面も多くあると思われる。不法滞在者のたまり場と化しあるいは薬物の密売，在留カード等の偽造場所となる可能性も大きいものがある。

　このような外国人窃盗団における自動車の盗難を防ぐためには，徹底したヤードの取締り摘発が必要であると考える。

＜外国人被疑者の取調べ事項＞

　盗品等に関する罪の捜査では，盗品であることの認識に関する証拠の収集が必要不可欠である。

1 犯罪の動機，理由
　　なぜ，盗品等に関与するようになったのか
　　いつ頃から関与するようになったのか
　　ヤードの場合，正規な手続を取っているか
　　　申請書類の押収・検討

2 本犯者との従来の交際関係

3 本犯者の人物についての認識，程度
　　いつ頃，どこで，どのようにして知り合ったか
　　どのような付き合いをしているのか

4 盗品等の授受の日時・場所
　　ヤードの設置場→なぜその場所なのか

その場所を選んだ理由は何か

その土地の所有者との関係

→誰から借りたものか，第三者の介在はないか

5　授受の際の会話（問答）の有無，内容

・当該品の体裁（特に自動車である場合は車種，メーカー等）

・取引価格及びその決定経緯

・転売等の処分方法及び処分価格，処分の際に原型に変更を加えたか

自動車の場合，部品ごとに分解する理由はなぜか

→盗品であることの発覚を免れるため

→分解すればコンテナで不正輸出しやすい

・海外輸出の手段方法

輸出に関わる者に共犯関係にある者はいないか

なぜ，その方法を選択したのか

・本国との連絡方法

国際電話の発着信の確認と証拠化

・日本の自動車運転免許証取得の有無（場合により真贋鑑定）

・売買代金の決済方法

地下銀行利用の有無

　違法ヤードは今後も増加し，より悪質，巧妙化する形で展開していくように思われる。ヤード条例が制定されている自治体にあっては，条例の内容を十分に理解し活用していただきたい。

＜日本人の取調べ事項＞

1　A，B，Cにつき

・犯行の動機，経緯

・A，Bについては自動車を盗むことの共謀事実関係

謀議の日時・場所，内容，役割分担

・本件場所の下見の有無

対象物を選定するため，また，犯行の準備などのため下見をしてい

ることが十分想定されるので，下見の状況，対象物を選定した理由などを詳細に録取する

2 Ｃとの関係，特に運搬役を担当させた理由

Ｃも事前謀議に参加していないか

盗み出した自動車をＺに運ばせた理由及びＺを選定した理由

3 ＣからＺに運ぶまでの状況，Ｚに引き渡した際の状況等の詳細

参考資料

国際運転免許証の見方

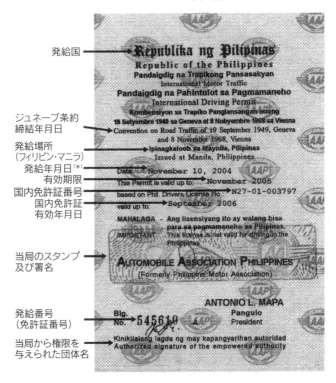

表紙

- 発給国
- ジュネーブ条約締結年月日
- 発給場所（フィリピン・マニラ）
- 発給年月日(*)
- 有効期限
- 国内免許証番号
- 国内免許証有効年月日
- 当局のスタンプ及び署名
- 発給番号（免許証番号）
- 当局から権限を与えられた団体名

注意	国際運転免許証で運転できる場合は，下記2要件が同時に満たされている場合に限られる。 ○ 発給の日（上記(*)）から1年を超えていないこと。 ○ 日本に上陸してから1年を超えていないこと。 ※ 出国の日から3か月に満たない期間内に再上陸（帰国）した場合は，本件の上陸とは見なされないので注意すること。 スイス，ドイツ，フランス，ベルギー，モナコ，台湾の外国運転免許証（JAF等が作成した日本語翻訳文が添付されたもの）は，上陸から1年間は日本において運転することができる。

228　参考資料

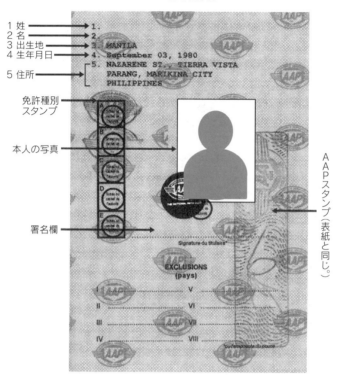

● 免許種別
　免許種別は，A～E欄にシール又はスタンプが押してある。
　・A区分　自動二輪車及び原動機付自転車
　・B区分　普通自動車（乗車定員が９人以下の普通乗用自動車又は普通貨
　　　　　　物自動車に限る。）
　・C区分　大型貨物・中型貨物・準中型貨物自動車
　・D区分　大型乗用・中型乗用（・準中型乗用）及びB以外の普通乗用自
　　　　　　動車
　・E区分　重被けん引車をけん引するけん引自動車

在留カード／特別永住者証明書

1 在留カード及び特別永住者証明書の交付

　適法に我が国に中長期間在留する外国人（以下「中長期在留者」という。）には「在留カード」（常時携帯義務あり。ただし，16歳未満を除く。）が，特別永住者には「特別永住者証明書」（常時携帯義務なし）が交付される。

　双方とも，偽変造防止のための IC チップが内蔵され，カード面の記載事項の全部又は一部が記録される。記録情報の読出しに係る仕様は，出入国在留管理庁の Web サイトを参照。

≪「中長期在留者」とは≫
　次の①～④の**いずれにも当てはまらない者**
　①「3月」以下の在留期間が決定された者／②「短期滞在」の在留資格が決定された者／③「外交」又は「公用」の在留資格が決定された者／④前記①～③の外国人に準ずる者として法務省令で定める者

2 在留カード及び特別永住者証明書の確認のポイント

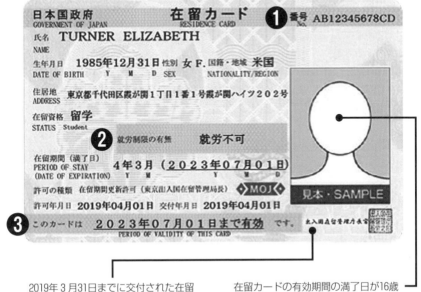

2019年3月31日までに交付された在留カードでは，「法務大臣」と記載されている（特別永住者証明書も同様）。

在留カードの有効期間の満了日が16歳の誕生日までとなっているカードには，写真は表示されない。

❶ 「在留カード番号」欄

ローマ字4字及び8桁数字の組合せ。交付ごと（新規交付時のほか，紛失等による再交付時，在留資格変更時及び在留期間更新時等）に異なる番号が定められる。この番号を入力して，カードの有効性を確認可能（出入国在留管理庁Webサイト参照）。

❷ 「就労制限の有無」欄

「就労不可」となっていても，裏面の「資格外活動許可欄」（❹）に「許可」の記載があれば就労可能（時間的・場所的制限を設ける場合あり）。

❸ 「有効期間」欄

在留カードの有効期間は次のとおりである。

区　分	期　間
○永住者，高度専門職2号 16歳以上	交付の日から7年間
16歳未満	16歳の誕生日まで（注1）
○永住者，高度専門職2号以外 16歳以上	在留期間の満了日
16歳未満	在留期間の満了日又は16歳の誕生日のいずれか早い日（注2）

（注1）…2023年11月1日以後に交付された在留カードの有効期限は，16歳の誕生日の前日まで

（注2）…2023年11月1日以後に交付された在留カードの有効期限は，在留期間の満了日又は16歳の誕生日の前日のいずれか早い日まで

❺ 「在留期間更新等許可申請欄」

在留資格の変更申請，在留期間の更新申請がなされている場合，「在留資格変更許可申請中」等と記載される。

在留カード／特別永住者証明書 231

在留カード（裏面）

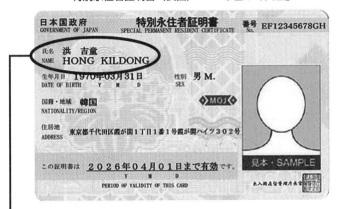

特別永住者証明書（表面）　※帯色は「黄色」

アルファベット表記を原則とし，漢字表記も併記可能。通称名は表示されない。
※裏面には，「住居地記載欄」，「交付年月日欄」がある。

3 偽変造防止対策（双方共通）

顔写真下の銀色のホログラムは，見る角度を90°変えると，文字の白黒が反転する。

カードを左右に傾けると，「MOJ」のホログラムが3D的に左右に動く。

カードを上下に傾けると，カードの左端部分がピンク色に変化する。

カードを傾けると，「MOJ」の文字の周囲の絵柄がピンクからグリーンに変化する。

（出典：出入国在留管理庁 Web サイト）

外国人の在留資格・在留期間

（令和5年8月1日施行）

在留資格		在留期間	就労（※1）
外　　交	外交官，領事官等外交使節団の構成員等	外交活動を行う期間	○
公　　用	外国政府又は国際機関の公務に従事する者等	5年，3年，1年，3月，30日又は15日	○
教　　授	日本の大学等において研究，教育等する教授等	5年，3年，1年又は3月	○
芸　　術	収入を伴う音楽，美術，文学等の活動家	5年，3年，1年又は3月	○
宗　　教	外国の宗教団体から派遣された宗教家	5年，3年，1年又は3月	○
報　　道	外国の報道機関との契約に基づく記者等	5年，3年，1年又は3月	○
高度専門職	法務省令の基準に適合する高度の専門的能力を有する人材	5年，無期限	○
経営・管理	日本で貿易その他の事業の経営・管理に従事する者	5年，3年，1年，6月，4月又は3月	○
法律・会計業務	外国法事務弁護士，外国公認会計士等	5年，3年，1年又は3月	○
医　　療	医師，歯科医師等医療に従事する者	5年，3年，1年又は3月	○
研　　究	日本の機関との契約に基づく研究等に従事する者	5年，3年，1年又は3月	○
教　　育	小，中，高等学校等で語学教育等をする者	5年，3年，1年又は3月	○
技術・人文知識・国際業務	日本の公私機関との契約で行う自然科学・人文科学の技術・知識を要する業務又は外国文化を基盤とした一定の業務に従事する者	5年，3年，1年又は3月	○
企業内転勤	日本の事業所に転勤して「技術・人文知識・国際業務」の活動を行う者	5年，3年，1年又は3月	○
介　　護	日本の公私機関との契約で介護・介護指導の業務に従事する介護福祉士	5年，3年，1年又は3月	○
興　　行	演劇，スポーツ等の活動家（「経営・管理」を除く。）	3年，1年，6月，3月又は30日	○
技　　能	調理人等特殊な分野の技能を有する業務従事者	5年，3年，1年又は3月	○
特定技能 1号	特定産業分野（※2）であって法務省令で定める知識又は経験を必要とする技能を要する業務に従事する者	1年を越えない範囲内で法務大臣が個々の外国人について指定する期間	○
特定技能 2号	特定産業分野（※2）であって法務省令で定める熟練した技能を要する業務に従事する者	3年，1年又は6月	○
技能実習	技能実習法の認定を受けた技能実習計画に基づいて，技能等に係る業務に従事する者	1年又は2年を超えない指定期間	○
文化活動	柔道家等収入を得ることなく学術上等の活動をする者	3年，1年，6月又は3月	×
短期滞在	観光，保養，親族・友人・知人の訪問，病気見舞い等	90日，30日又は15日	×
留　　学	大学，高校，中学，小学校等で教育を受ける者	4年3月を超えない指定期間	×
研　　修	医師，看護師等で，許可を受けて医療関係の知識，技能の修得をしようとする者	2年，1年，6月又は3月	×
	技術，技能又は知識の修得をする活動等をする者	1年，6月又は3月	×
家族滞在	外交，短期滞在等以外で在留する者の配偶者等	5年を超えない指定期間	×
特定活動	法務大臣が個々の外国人について特に指定する活動をする者	5年，3年等，指定期間	○
永住者	法務大臣が永住を認める者	無期限	制限なし
日本人の配偶者等	日本人の配偶者，日本人の子等	5年，3年，1年又は6月	制限なし
永住者の配偶者等	永住者の配偶者，永住者の子等	5年，3年，1年又は6月	制限なし
定住者	日系人等法務大臣が指定して居住を認める者	5年，3年等，指定期間	制限なし

（※1）就労欄の○は，在留資格に定められた範囲で就労が認められる。×は原則として認められない。
（※2）特定産業分野とは，人材を確保することが困難な状況にあるため外国人により不足する人材の確保を図るべき産業上の分野として法務省令で定めるものをいう。

外国旅券の見方

外国人の在留資格や在留期間は，在留カード又は旅券（パスポート）面の上陸許可，在留資格変更許可，在留期間更新許可証印，又は就労資格証明書等により確認できる。

外国旅券パスポート

型/Type	発行国/Country code ①	旅券番号/Passport No ②

姓/Surname ③
名/Givenname ④
性別/Sex ⑤   身分証番号/Identity card No. ⑥
生年月日/Date of birth ⑦   出生地/Place of birth ⑧
発行年月日/Date of issue ⑨   有効期間満了日/Date of expiry ⑩
旅券発行地/Place of issue ⑪

※日本語の部分は，母国語で記載されている。

外国旅券（パスポート）は，発給国によって記載項目・様式が若干異なっているが，おおむね次の項目等が記載されている。

① 発行国－
　－(例)中国(CHN)，フィリピン(PHL)
② 旅券番号
③ 姓－母国語又はアルファベットで記載
④ 名－（姓に同じ。）
⑤ 性別－男（M），女（F）
⑥ 身分証番号
⑦ 生年月日－(例)15 OCT 1980
⑧ 出生地－市町村等都市のみが多い。
⑨ 旅券発行年月日－(例)03 JUN 2011
⑩ 旅券の有効期間満了日－(例)02 JUN 2021
⑪ 旅券の発行地

上陸許可印

① 上陸許可年月日　② 上陸港名
③ 入国審査官識別番号

① 上陸港名

著者

須賀　正行（すが　まさゆき）

・1987年8月　副検事任官
・名古屋区検察庁，東京区検察庁，八王子区検察庁（検務担当検察官），
　法務総合研究所教官，東京区検察庁（道路交通部副部長，刑事部副部
　長，公判部副部長）を歴任
・2007年12月　辞職

主な著書・論文

『捜査研究』「元検察官のキャンパスノート」　　　　　　　東京法令出版
『捜査研究』「元検察官のキャンパスノート―外事事件―」
　　　　　　　　　　　　　　　　　　　　　　　　　　　　東京法令出版
『月刊警察』「地域警察官のための軽犯罪法解説」　　　　　東京法令出版
『イラスト・チャートでわかりやすい擬律判断・軽犯罪法』
　　　　　　　　　　　　　　　　　　　　　　　　　　　　東京法令出版

イラスト・チャートでわかりやすい
擬律判断・外国人犯罪〔第二版〕

令和3年4月15日　初　版　発　行
令和7年2月20日　第　二　版　発　行

著　者　須　賀　正　行

イラスト　村　上　太　郎

発　行　者　星　沢　卓　也

発　行　所　東京法令出版株式会社

112-0002	東京都文京区小石川5丁目17番3号	03(5803)3304
534-0024	大阪市都島区東野田町1丁目17番12号	06(6355)5226
062-0902	札幌市豊平区豊平2条5丁目1番27号	011(822)8811
980-0012	仙台市青葉区錦町1丁目1番10号	022(216)5871
460-0003	名古屋市中区錦1丁目6番34号	052(218)5552
730-0005	広島市中区西白島町11番9号	082(212)0888
810-0011	福岡市中央区高砂2丁目13番22号	092(533)1588
380-8688	長野市南千歳町1005番地	

〔営業〕TEL 026(224)5411　FAX 026(224)5419
〔編集〕TEL 026(224)5412　FAX 026(224)5439
https://www.tokyo-horei.co.jp/

© MASAYUKI SUGA　Printed in Japan, 2021
　本書の全部又は一部の複写，複製及び磁気又は光記録媒体への入力
等は，著作権法上での例外を除き禁じられています。これらの許諾に
ついては，当社までご照会ください。
　落丁本・乱丁本はお取替えいたします。
ISBN978-4-8090-1491-8